小さな会社の
フランチャイズ本部構築・展開に成功する50のポイント

田口 勝 著

セルバ出版

はじめに

フランチャイズは、昨今の日本においては浸透しつつあるビジネスモデルですが、まだまだフランチャイズ展開と聞くと大企業の拡大戦略であるという誤解があります。しかし、実際は、小さな会社がフランチャイズ化を図ることで加盟店を獲得し、大企業になっているのです。

弊社では、毎年、多数のフランチャイズ本部の支援を実施しています。企業規模は、最初のご相談をいただいた際の店舗数は3店舗等、小さな会社も多い状況です。しかし、2年〜3年経過すると、上場を目標にできる規模の企業や海外展開を検討される企業までに成長しています。

これだけ短期間で成長を行うことができるポイントは、自社の商標やビジネスモデル、経営ノウハウを活用し、事業運営を行う加盟店と共に成長を行うフランチャイズ展開を実施しているからです。

フランチャイズ化は、他資本で店舗拡大や拠点拡大、販路拡大を図る最強の手法であると思われています。しかし、実際は、フランチャイズ本部を構築して展開を始めても、短期間で加盟店を獲得し事業が大きく飛躍している企業もあれば、全く加盟店を獲得できずにフランチャイズ本部としての機能を果たしていない企業もあります。

フランチャイズ本部の世界は2極化が明確になる世界でもあります。

また、既にフランチャイズ本部展開を実施している企業からの相談も年々増加しており、加盟店を担当するスーパーバイザー活動が機能していないことや既存店の売上が上がらないために、新たな加盟店を獲得することもできなくなっている企業さえ増加しています。

成長する企業と成長できない企業の決定的な違いは、フランチャイズ本部構築段階での重要ポイントの欠落や、フランチャイズ展開をする際の重要ポイントの欠落に起因しています。それが、相談の現場から明確となってきたのです。

そこで、本書では、小さな会社だけれども、ビジネスモデルは優秀であり、これから拡大戦略を図りたい目的でフランチャイズ化を検討されている企業や、現在フランチャイズ本部を経営しているが期待どおりの成果を上げることができていない企業向けに、成功するフランチャイズ本部構築や展開の重要ポイントを50項目にまとめました。

この内容は、実際のコンサルティングの現場で使用している実務的な内容です。

このポイントを活用し、フランチャイズ化を図る企業および現行フランチャイズ本部として展開を実施している企業の今後の飛躍にお役に立てれば幸いです。

2019年12月

田口　勝

小さな会社のフランチャイズ本部構築・展開に成功する50のポイント　目次

第2章　フランチャイズ化のまずはやるべき成功モデル分析の3つのポイント

第3章　成功するフランチャイズ化の本部構築の7つのポイント

第4章　フランチャイズ基礎固めで押えるべき6つのポイント

第5章　フランチャイズ加盟開発で押えるべき8つのポイント

第6章　フランチャイズ展開で押えるべき13のポイント

第7章　グローバル戦略成功3つのポイント

第1章

フランチャイズ化を検討する際に確認したい10のポイント

1　フランチャイズとは何か

●フランチャイズとは

フランチャイズとは、フランチャイズ本部（フランチャイザー）が、一定の成功モデルのビジネスモデルや経営ノウハウ、商標等を使用して、加盟店を（フランチャイジー）通じてビジネスを展開する方法です。

当然、フランチャイズ本部は、最低限成功しているビジネスモデルでないといけないことになります。

また、フランチャイズ本部に加盟を検討している方は、成功モデルを手に入れるため、加盟金等の初期経費の支払いを行いますし、定期的に指導等を受けるため、ロイヤリティ等の支払いを行います。

その結果として、既に成功されたモデルを手に入れることで、顧客獲得や変化への対応、経営管理などのシステムを習得することができるため、事業としての成功確率が上がることになります。

●フランチャイズは契約によって成り立つ関係

フランチャイズは、契約によって成り立つ関係です。そのため、フランチャイズは、「契約書」というものを作成し、お互いの役割分担や費用負担、収益の分配方法等を明記します。この契約書をもとにフランチャイズ本部も加盟店も経営を実施するため、「契約」によって成り立つ関係となります。

●フランチャイズは共存共栄の関係

フランチャイズは、フランチャイズ本部もフランチャイズ加盟店についても同じベクトルで業務を実施しないと成果は出ません。

例えば、フランチャイズ本部がすすめる商品があったとします。この商品を拡販することは、フランチャイズ本部にメリットがあるように思えますが、最終的にはフランチャイズ加盟店にもメリットがあります。

当然、拡販によって売上が上がるという視点もありますが、フランチャイズ本部がすすめる商品をどの加盟店も拡販することで、今後のスケールメリットが変わってきます。これは、仕入の原価低減に反映されたり、より商品力のある商品の開発に繋がったりしてきます。

つまり、フランチャイズ本部とフランチャイズ加盟店は共存共栄の関係ということになります。

●フランチャイズは自己責任の関係

フランチャイズ本部も加盟店も別々の経営者なのですから、独自の判断ができるのであり、それは自己責任の世界でもあります。

通常の自分の事業で独立起業をされる方は当たり前のことですが、これがフランチャイズとなると、途端にその意識が薄れる気がしてなりません。

フランチャイズ本部としては、この意識を変えるような教育が必要であり、その教育は、直営を動かすような「直接マネジメント」ではなく、別の経営者を通じて結果を導き出す「間接マネジメント」となります。この技量は全く違うものです。コンサルタントと全く同じ条件で支援を実施するということになります。

これからフランチャイズ展開を検討されている方は、この3つの原則を認識していただき、フランチャイズ本部を構築する必要があります。

2　フランチャイズ本部はプラットフォームビジネス!!

●なぜプラットフォームビジネスなのか

私は、フランチャイズ本部展開は、「プラットフォームビジネス」であると考えています。プラットフォームとは、「基盤」や「土台」「環境」を意味する言葉です。つまり、何かのビジネスの基盤となるビジネスモデルになることがフランチャイズ本部ではないかと思っています。

例えば、現在、社会基盤となっているコンビニ業界ですが、これは皆さんがご存知のとおりプラットフォームの代表的な例ではないかと思います。コンビニ業界は、ほとんどがフランチャイズビジネスモデルを採用しており、直営店での収益ではなく、フランチャイズ加盟店からのロイヤリティによって成り立っています。つまり、本部はコンビニ店という事業モデルを加盟店に提供し、販売網は加盟店というアライアンス（同盟、提携）により実現しているのです。

本部の役割は、加盟店が売れる環境を整えるためのプラットフォーム（基盤）となっているのです。さらに、コンビニ本部は、アライアンスは販売網だけではありません。本部を通じて様々な商品開発や商品の提供もアライアンスによって実現をしています。

例えば、商品開発。これは、メーカーや協力する関係向上と共にアライアンスを組んで実現しています。物流も、コンビニの看板を背負って、車が配送されていますが、これも外部の運送業者等とアライアンスを実現しているのです。

つまり、メーカーや運送業者も、コンビニ本部というプラットフォームを通じて、商品の提供や事業として成り立たせているのです。

●今後の日本での事業展開はアライアンスがポイント!!

私は、今後の事業については、「アライアンス」が大きな事業のポイントになると思っています。人口減少や人手不足の中、今後、自社ですべて内製化することは難しい環境になっています。他の業者や企業との「アライアンス」の関係により、事業をより速度を早くし、変化をもたらせることが重要であると考えます。販売網も自社だけでは速度を速めることはと思います。

単店の利益であれば、自社で販売したほうがよいかもしれませんが、速度を早く展開するのであれば、当然、アライアンスとなります。そのアライアンスの手法が、フランチャイズ本部展開なのです。

販売網を構築するだけでは、事業の変化についていくことができません。多くのフランチャイズ本部ができていないのは、販売網は設けたけれども時代の変化に本部がついていけていないことではないかと思います。次々と新しい商品開発やサービス開発を実施し、加盟店という販売網に提供する必要があるのです。

そのためには、関連する企業とアライアンスを組む必要があります。関連する企業は、フランチャイズ本部に属する加盟店の力を借りて、新たな収益を生む仕組みをつくることで繁栄させるのです。そのような環境を提供することがフランチャイズ本部には必要です。

プラットフォームというとネットを考えることが多いように思いますが、リアルなプラットフォームとしてフランチャイズ本部は機能することができるものと考えます。

3　フランチャイズ本部はコンサルタント最強モデル⁉

●なぜコンサルタントをやりたいのか

経営者の方の中には、飲食店やサロンを数店経営すると、飲食店専門のコンサルタントをしたいとか、サロン専門のコンサルタントをしたいという方がいらっしゃいます。自分が実店舗で経験したことや実践したことを教えることで、新たな売上をつくりたいということです。

私は、コンサルタント業界は実務を経験した人がもっと増えないといけない、本を読んだだけやコンサルタント養成講座からの出身者が多過ぎると思っています。しかし、なぜか実業を持っているにもかかわらず、コンサルタントの依頼はほとんどなく、知合いだけを支援しているという形になってしまっています。

それは、コンサルタントの仕事が、仕事を獲得するのにも、「信用」と「可能性」という見えない武器での戦いだからです。これまでと同じような形を示せる商品がなく、「私を信じてください。必ず結果を出します」というものからのスタートになります。

それを突破してコンサルタント契約した後は、「過去の経験や実績」の内容で様々な経営課題を解決することだけでは不充分であり、結果を出すためには、常にお客様に応じた「創意工夫」や「企画力」が要求されます。また、「過去の経験や実績」も、論理的にノウハウ化し、汎用性がないと実際に結果を出すことはできません。

さらに、コンサルタントの仕事は、課題を解決して実績を出した後は、新たな課題を見つけて発掘して提案しなければ、継続して仕事を得ることはできません。

●なぜコンサルタント最強モデルなのか

コンサルタントは、その業界なりの仕事獲得方法と競争があります。どのような業種経験をしていてもコンサルタント業界は素人です。飲食業やサロンとでは、お客様の獲得方法も違えば、成果の出し方、継続の仕方も当然違います。フランチャイズ本部展開では、現在の実業の実績をフルに活用して営業が可能となります。

コンサルタントの仕事が獲得できない理由は、成果やリターンがイメージできないからです。すべて「可能性」です。

さらに、守秘義務制約があり、お客様の実例などは出しにくく、新規のお客様がいっそうイメージしづらいというデメリットもあります。

一方、フランチャイズは、自分が成功してきたビジネスモデルを教えるため、実例や成果もイメージしやすく、営業上最も顧客が獲得しやすいのです。

自分がやってきたことを教えるなら、本来は、フランチャイズでしか教えることはできないものと思います。

同じ業種業態で得た経験を似たような業種であれば通用するといったことはありませんし、ノウハウは、汎用性を出すために、成果事例や失敗事例の要因を分析し、論理的に構築しなければ、他の企業に当てはめたところで役に立ちません。

しかし、フランチャイズでは、自分で得た経験や知識を教えることが支援内容なのですから、一番合うコンサルティングスタイルとなります。

コンサルタントは、ありとあらゆる課題を発掘し、提案をすることで継続を行います。ところが、フランチャイズは、契約期間を通じて、ロイヤリティという継続的なコンサルティング収益を生むことができます。お客様が不採算でやめない限り、その関係性は続くということになります。したがって、フランチャイズ化は、最強のコンサルティングモデルであると思っています。

4　フランチャイズ化のメリット・デメリット

●フランチャイズ化のメリットは

私は、自身もフランチャイズ本部に在籍したことがあり、現在、様々な業態のフランチャイズ本部構築や立上げを経験させていただいている中で、フランチャイズ化の1番目のメリットは、スケールメリットではないかと思っています。

つまり、簡単に言うと、数の力を利用できるようになるということです。フランチャイズ化は、他資本を活用することができるので、早期に多店舗展開を実現することが可能です。すなわち、数を促進させることができます。その結果として、早期にブランド化したり、原価低減等に繋げることができます。これは、直営展開ではなかなか実現できないことです。

特に日本の社会は、投資文化はまだまだ定着化していないため、借入で店舗展開を図ることを考えると、スピードを上げた展開というのはなかなか実現することが難しいのが実状です。

多店舗化の中でポイントになるのが、早期のマーケットシェアの獲得になりますが、この点もフランチャイズ化は大きなメリットになるものと考えます。

フランチャイズ化の2番目のメリットは、ロイヤリティ等の荒利100％の本部売上が立つことです。ロイヤリティ等のほか、加盟金や研修費等、われわれコンサルタントと同じようなビジネスモデルや経営ノウハウで収益ができるのです。

この原価は、経営ノウハウやビジネスモデルですし、運営するのは1人で多くの店舗を抱えることができるため、生産性も非常に上がります。この点がフランチャイズ本部としては、大きなメリットになると思います。

最後は、近年課題となっている人手不足対策でしょう。現在、多くの店舗型企業の悩みは人手不足です。その人手も、転職でやめる人もいるでしょうが、独立するという人も多くいるものと考えます。

そして、独立する際に、その人が独立する業態として検討するのは、それまでの経験を活用できるかどうかでしょう。

ということは、最初から独立支援制度を設けておけば、自社のフランチャイズ独立として活用してもらうことができるのではという考え方です。

いわば、「のれん分け」という形で独立を図ることで、社員の流出を防ぐことができます。また、独立支援制度があることで、逆に社員の採用についてもプラスになることが出てくるものと確信します。

●フランチャイズ化のデメリット

フランチャイズ化には、マニュアル作成や契約書の作成、商品の標準化の仕組み等が必要であり、外注するのであればその費用がかかります。それ以外は、加盟店募集経費や加盟開発担当者やスーパーバイザーを専任とするのであれば人件費などがかかります。

自社の方針や政策、サービス、商品等の均一化に関しては、直営店で展開するよりは、当然、徹底度が下がります。理由は、別経営者だからです。そのため、すべての徹底には、説得が必要となります。また、ノウハウ流出やリスク対策に関しても、直営店よりは当然、徹底度が低くなります。

今後、フランチャイズ化を検討される際は、メリット、デメリットをしっかり検討し、取り組むようにしていただきたいと思います。

5　果してフランチャイズ化は大企業の展開方法なのか

●フランチャイズ本部は大企業ばかりなのか

フランチャイズ化の相談を行っていると、「自社のような小さな会社では無理なのでは？」といった質問を受けます。

確かに、フランチャイズ本部は大きな会社が多く存在します。事業の拡大戦略を行う上での販路拡大としてフランチャイズ化し、会社が大きくなったということです。しかし、そうした企業でも、昔は少ない店舗数や拠点数で始めたのです。それが加盟店に、さらに市場に支持されて大きくなっていったといえます。つまり、とくにスタート時の規模の大小は、問題ないと言えます。

当然、大手のフランチャイズ本部のように、大々的に広告宣伝を実施することはできないかもしれません。また、展示会で大きなブースを借りて出店をすることもできないと思います。大手のフランチャイズ本部よりは、実績数の点でどうしても劣位になることも予測されます。

しかし、そのようなフランチャイズ本部であっても、加盟店の獲得の方法はありますし、大手のような加盟店獲得目標設定はできなくても、実際のステージに合せて目標設定ができます。そのため、小さな会社だからといってフランチャイズ化ができないというのは違うと思っています。

●フランチャイズ化できるかの判断ポイント!!

私がフランチャイズ化の相談の際、特に気をつけていることは次のとおりです。

①　成功モデルであること

自分で実際に行った営業実績があり、汎用性があることが重要です。

時々、今から立ち上げるビジネスをいきなりフランチャイズで売っていきたいという方がいらっしゃいます。できないことはないのでしょうが、「果して、実績のないビジネスモデルに誰が加盟されるのか」をしっかりご検討いただきたいと思います。

ご自身でしっかり営業を行った実績があることが重要だと思います。さらに、その内容が、他の方でも再現できるように汎用性があるノウハウでないといけません。

② 加盟店が獲得できるモデルであること

つまり、「売れるのか」という基準です。これは、フランチャイズの開発も実施していないとわかりませんが、つくるだけではフランチャイズ化の費用分のリターンはありません。また、フランチャイズ加盟店が収益を充分に上げることができるビジネスモデルであるかも重要です。

一番よい方法は、他の経営者やお客様等に聞いていただき、加盟したいという声が上がるかどうかであると思います。

③ 経営判断として妥当であるか

最後は、企業の経営判断として、果してフランチャイズ化がベストな選択なのかという視点です。

ここは、経営目標や方針や戦略の観点からお考えをお聞きし、投資に対してリターンが見込めるかという視点で見ていただくことが重要です。

これから小さな会社から多くのフランチャイズ企業が生まれていることを期待しています。

6　なぜ小さな会社でも全国展開できるのか

●小さな会社が全国展開できる理由

小さな会社がフランチャイズ化を活用して全国展開できる一番の理由は、通常発生する資金の限界を超えることができるからです。一般的に、日本では、投資という発想がまだまだ低い状況となっており、素晴らしいビジネスモデルであっても、金融機関からの融資如何によって、スピードの速い展開には限界が出てくるものです。

フランチャイズ化は、加盟店の資本を活用して大きく広げることができるため、小さな会社であってもスピード感をもって全国展開をすることが可能となります。

●小さな会社でも言い訳できない

しかし、小さな会社だからといって言い訳ができないことも併せて発生します。それは、加盟店への研修やフォローではないかと思います。

逆に、小さな会社でフランチャイズ化を図る場合、これらの点を「小さいから」といって言い訳にしていることが多いと思います。

実績数がまだまだ低いビジネスモデルに参画していただけるということは、より確立されていないビジネスモデルに参画されているということであり、そのような加盟店についてはしっかり逆にフォローすべき内容であると思います。

特に初期段階での加盟店の撤退は、その後のフランチャイズ加盟店の獲得には悪影響を与えることにもなるため、撤退はできる限り避けるべきです。

ところが、自社のシステムの未完成という場合は、初期段階だからいいという話になってしまいます。

●フランチャイズ化に必要なのはビジネスモデル

フランチャイズ本部化において重要なことは、自社のビジネスモデルが「新規性、優秀性、成長性において優れているか」「汎用性があるか」、そして、「フランチャイズ本部と加盟店の双方の了承の上で、同じベクトルで共存共栄が実現できるのか」が重要です。

自社のビジネスモデルが優秀であれば、加盟店は投資を行ってでも事業として実施したいという意向になります。加盟店が投資を実施し、ビジネスを広げていただくことができるので、小さな会社でも広げていくことができるのです。フランチャイズ化に企業の大小は関係ないのです。

小さな会社は、小さな会社なりの仕組みや展開方法が必ずあります。現在、経営環境の変化が目まぐるしく、スピード感は経営活動にとって非常に重要な要素です。そのような経営環境の中、直営展開では、スピード感がフランチャイズ展開のようにはいきません。それを打破することができるのが、フランチャイズ化ではないかと思います。

弊社のクライアントでは、実際に小さな会社からフランチャイズ化を行い、現在では上場の準備をしている企業が沢山あります。現在のビジネスモデルに自信があるということであれば、これからの経営の選択肢にフランチャイズ化を検討されることをおすすめします。

これからも小さな会社から様々な新しいフランチャイズ本部が立ち上がってくることを期待して

います。

7　フランチャイズ本部の責任とは

●フランチャイズ本部の責任は重い

フランチャイズ本部の責任は、重いものです。ところが、現在のフランチャイズ本部は、責任を軽視しているところが少なからずあります。もちろん、事業ですから、フランチャイズ本部だけに責任があるのではなく、加盟店も同じように責任があります。

フランチャイズ加盟基本契約書には、ほとんどのフランチャイズ本部で「売上や利益の保証」はしていないものと思います。また、事業の自己責任も明記されているはずです。

だからといって加盟店の経営がよい状態にならないのは、すべて加盟店が悪いということでもないのではないかと思います。

例えば、出店に関して、本部が全くこの立地でよいと判断しないフランチャイズはないと思います。商品についても、フランチャイズ本部が開発する商品力にも原因があります。しかし、他の加盟店の経営はよいのではないか。立地はよいのに経営がよくないのは接客が悪い…。相手の悪いことを列挙すればどのようにも言えますが、反対にどのような指導をしているのかと問えば、そこは指導と呼べるものではない場合も多いのです。

●フランチャイズ加盟店も自己責任について認識をする必要がある

しかし、加盟店も自己責任について認識が甘いと感じる場合も多いものです。「売上が悪いのは、本部がよい商品開発をしないからだ」「ＳＶ（スーパーバイザー）が臨店しても適切なアドバイスがないから売上が悪い」等ということを言っている場合が多いのです。逆に、「売上を伸ばすためにどのようなことを実施しているのか」と問いかけると、具体的には何もないという場合も多数あります。

要は、お互いが他責にしていることが多いということです。今日のフランチャイズ本部と加盟店のトラブルの要因は、「他責が根本にあるのではないのか」と思っています。

人間は、よいときは自分のやってきたことをメインに考えますが、悪いときは他責にする傾向があります。

●フランチャイズ本部の責任とは

フランチャイズ本部には、次のような責任を果たす姿勢が重要であると考えています。

それは、当初には高額の加盟金等をいただき、継続的にロイヤリティ等を加盟店からいただいているためです。

・加盟店を継続的に成功に導ける汎用性の高いビジネスモデルを提供すること
・加盟店に継続的に成功に導けるアドバイスができること

・加盟店に継続的に成功に導ける商品開発があること
・加盟店を継続的に開拓し、スケールメリットを使いブランディングや利益改善に繋げること
そのような責任を果たす姿勢が、フランチャイズ本部には重要であると思っています。姿勢はそうであっても、結果はそのようにいかないこともありますし、加盟店の責任部分でよくならないこともあるでしょう。そのため、「売上や利益保証もできませんし、自己責任ですよ」ということなのですが、重要なことはそのような本部の考え方であると思います。

8　成功するか、失敗するかの違いはたった2つ。フランチャイズ化の成功法則!!

●初期段階のフランチャイズ本部の失敗の要因は何か

初期段階のフランチャイズ本部は、毎年、できてはなくなるということを繰り返しており、弱肉強食のビジネスモデルとなっています。

では、初期段階のフランチャイズ本部の失敗の要因は、何なのでしょうか。

私は、初期段階のフランチャイズ本部の失敗要因は大きく分けて2つであると思っています。

①　加盟店が開拓できない

初期段階のフランチャイズ本部の多くは、この点を悩むのではないかと思います。フランチャイズ本部として動き出し、説明会やポータルサイト、展示会なども出展するが、加盟候補者を獲得で

きず、さらに契約まで至らないため、実績も上がらない。実績が増えないため、結局は、さらに加盟店が獲得できないという悪循環です。

これは、多くは「フランチャイズビジネスモデル」と「自社のビジネスモデル」の問題の２つが要因です。弊社へのご相談の経験上からいえば、多くは「ビジネスモデルが一般公募で売れる状態にまだなっていない」ということです。

また、営業手法を誤っているため加盟店が獲得できないということもあります。フランチャイズ本部を構築された方は、多くは大きな費用をかけているため、非常にもったいない話です。

②　加盟店が儲からない

２つ目は、加盟店が儲からないため、結局、離脱や脱退、訴訟などが発生し、さらに加盟店が獲得できないという悪循環です。

「加盟店が儲かっているか」という基準は、加盟店経営者の価値観として様々だと思いますが、価値観の１つの基準は、最初の損益シュミレーションがもととなっています。

加盟店は、損益シュミレーションを確認し、加盟するかどうかを検討しますが、その損益シュミレーションと現実とに大きな乖離が出ると、俗にいう「騙された」という意識がどうしても強くなり、離脱や訴訟などに発展するということです。

フランチャイズの加盟店開発活動は、通常の商品のように売り切り営業のようにはいきません。最初は、営業でカバーできたとしても、最終的に拡大ができているフランチャイズ本部は、加盟店が儲かっています。プレゼンテーションでごまかせる範囲はごくわずかです。

●加盟店が儲からないとどうなるのか

フランチャイズ本部の収益は、初期の加盟金や研修費などの初期の収益部分の儲けとロイヤリティなどのストック型の収益部分の2つになります。

初期の加盟金や研修費については、当然、加盟店が獲得できなければ入りませんし、ロイヤリティなどは固定の場合もありますが、売上や粗利を分配する場合が多いですから、加盟店が儲かっていなければ増えることはありません。つまり、最終的には、加盟店が儲かっていなければ本部収入は減るという計算になります。

初期収益やストック型の収益が下がれば、当然、本部コストは上がります。そうなると、会社経営の視点からすれば、広告費を下げたり、商品開発ができなくなったりすることになります。詰まるところ、加盟店が儲かりにくい結果となってしまいます。

さらに、儲かっていないフランチャイズ本部に加盟する人は減りますので、結局、加盟店も減るということになります。

●フランチャイズ化成功の秘訣とは

フランチャイズ化で一番重要なことは、実は契約書でもマニュアルでもなく、「今の自社のビジ

【図表１　失敗するＦＣ本部の共通の問題】

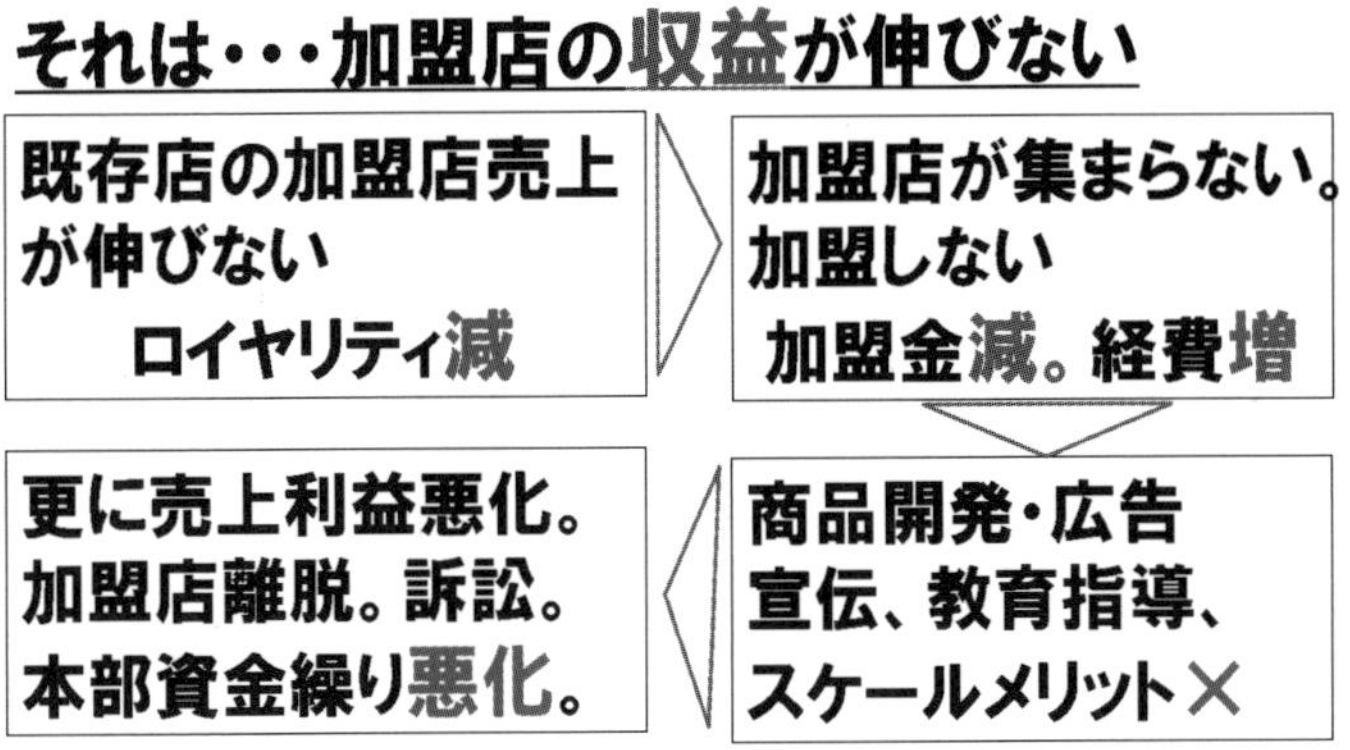

ネスモデルは他人が実業として行っても儲かるのか」です。ここにこだわることが失敗をなくす要因であると思っています。

経営は、自己責任の世界だから、加盟したらあとは自分で勝手に実施すべきだという考えは、フランチャイズ化を検討している企業や、私のような独自のビジネスモデルで経営を行っている人間には当たり前でも、お金を出して加盟しているフランチャイズ加盟店には、当たり前ではありません。

今1度、「自社のビジネスモデルは、果して加盟店が経営を行って儲かるのか」ということについて検討していただきたいと思います。そこで重要なことは、加盟した人が高い確率で儲かることです。加盟店の経営者それぞれで変わるということではダメです。

そのためには、「なぜ、自社は儲かっているのか」の成功モデルの明確化と、その汎用性と再現性を高めることが最も重要です。加盟店が儲かっているビジネスモデルは、加盟店開発の問題も大きくハードルが下がります。重要なことは、「成功モデル」の明確化と汎用性と再現性です。

9　加盟店が集まるビジネスモデルの5つのポイント!!

●加盟店が集まるビジネスモデルの5つの判断基準とは

フランチャイズ本部で加盟店が集まる指標は、①新規性、②優秀性、③成長性、④説明が簡単であること、⑤実績があることの5つがあります。

①　新規性

ビジネスにも、商品にも、必ずライフサイクル曲線というものが存在します。そのライフサイクルに併せて、この4つも重要な指標のウェイトは変わります。

ライフサイクルは、次の4つからなります。

・導入期→成長期→停滞期→衰退期

このライフサイクルのどの段階かを見極めることが「新規性」です。

「導入期」の段階は、世の中に商品やサービスが知れ渡っていません。これは、地域ごとでも新規性は変わります。例えば、東京で成功したモデルでも、地方では全くサービスがなく、新規性があるといえます。

この段階は、広告宣伝を含めて、お客様に認知していただくための運転資金と労力が必要となります。この段階のフランチャイズ化は、「業界初!!」等のキャッチフレーズで加盟店の開発を実施しやすい環境にありますが、「認知されていない商品やサービスの中でどのように加盟店を成功させることができるか」が重要なポイントとなります。

「成長期」の段階は、「市場の先駆者」としてシェアを確保することができ、リターンも一番大きいという時期です。成長期は、商品やサービスが伸びている段階ですので、顧客を獲得することも容易であるといえます。この段階では、競争も発生しますが、競合も含めて全体的に市場は伸びていますので、市場に参入するにはリスクは低い段階となります。この段階のフランチャイズ化は、加盟店側の認知もあり、比較的、加盟店も成功しやすいため、容易に展開が図れます。

「停滞期」の段階は、商品やサービスが競争激化やお客様の飽きにより、売れなくなってきます。この段階では、差別化戦略が非常に重要になってきます。他社とどのように差別化されているかが明確でないと、加盟店開発も加盟店の経営も難しくなってきます。

「衰退期」は、全く新たな商品やサービスを顧客に提供し、新たな市場をつくっていく必要がある時期です。この段階のフランチャイズ化は、「新たな新商品やサービスがあるのか」を確認しなければ、非常に厳しい局面となります。

②　優秀性

優秀性とは、「他社とどのように差別化されているか」という視点です。「自社の商品やビジネスモデルの強み・弱み」と「競合する商品やビジネスモデルの強み・弱み」を横比較し、優秀性を確認します。

ここで重要なことは、「お客様の需要に対して、他社より強みがあること」が優秀であるということです。需要がないところに強みが発揮されても意味がありません。検討する際は、同業態だけでなく、同じような使われ方をする他業態も着目することが重要です。昨今は、業種業態の垣根がなくなる傾向が強くなってきているからです。

③ 成長性

これは、「新規性」とも関連しますが、参入しようと考えているフランチャイズビジネスのライフサイクル曲線の段階を確認し、今後どの程度成長ができるのかを予測することが重要です。

将来の確約は誰もできませんが、市場の動きを調査し、総合的に把握することが必要です。今後の成長が見込めないということであれば、業態の見直し等を実施してからフランチャイズ化を図ることが不可欠です。

④ 説明が簡単であること

「商品やサービスの説明が簡単」であるビジネスモデルが重要です。「説明が簡単である」ビジネスモデルほど、他の商品やビジネスモデルに対して差別化がされており、顧客が簡単に獲得できます。

フランチャイズビジネスは、極論をいうと「他人が考えたビジネスモデル」を加盟店が実行することになるため、この「説明が簡単であること」は非常に重要です。ここが、商品やサービスを売る際の重要なポイントとなります。説明を簡単にするためには、「わかりやすいこと」と「有形に近づけること」が必要です。

有形物とは、飲食店であれば焼き鳥であり、小売業であればドリンクであったりすることですが、それ以外のサービス業も有形に近づけることが重要です。例えば、サロンであれば、「サービスの質をお客様の声で見える化を行う方法」や「実施前と実施後を写真で見せる等の見える化を行う方法」等が該当します。

加盟店候補者が「このビジネス売りにくいな」と感じるビジネスモデルは、加盟者が集まりませんので、商品やサービスが「わかりやすく」「有形か」という視点での仕組みが必要となります。

⑤　実績があること

最後は、「実績があること」です。実績とは、商品やサービスの販売実績であったり、店舗数であったりします。フランチャイズに加盟される加盟店は、新しい事業への取組みとなり、中には、独立開業の方もいますので、「不安」もあります。実績がその不安を和らげる材料となります。

しかし、実績がない場合も、実際の現場では沢山あります。実績が重要であれば、「小さな会社では、フランチャイズ化できないのか」ということになりますが、そのようなことはありません。

弊社で支援を実施したフランチャイズ本部は、３店舗等の少ない店舗数からフランチャイズ化を行った企業もたくさんあります。実績がない場合は、「新規性」「優秀性」「成長性」「説明が簡単であること」をより強化し、他のフランチャイズ本部と差別化できればよいのです。

加盟店候補者は、あくまでも5つの視点で総合的に判断をしており、実績が逆に多過ぎるビジネスモデルは、飽和状態に近いことも理解しています。

重要なことは、総合的に加盟店とお客様から評価されるビジネスモデルであることです。だからといって、全く実績がないビジネスモデルは、加盟店候補者は「想像」や「可能性」で判断せざるを得えない状況となるため、最低限直営での実績は必要になります。

10　あなたの事業はフランチャイズ化すべきか？　決断のポイントは

●フランチャイズ化は業種の向き不向きがあるのか

弊社では、毎月多数のフランチャイズ化のご相談を受けています。ここ最近では、「このような業種もフランチャイズ化を検討しているのか」と思うようなケースも多々あります。

フランチャイズ化は、「小さな規模でも、差別化されていれば、どのような業態でも大きく展開できる可能性があるビジネスモデル」と考えています。しかし、一般的な見方は、そうではないようです。

よくあるのが、「飲食業やコンビニ等の小売業が多いので、サービス業では適用できるのか」というご相談です。確かに、飲食業や小売業のフランチャイズ化は多いのですが、現在ではサービス業も非常に増加していると考えます。

代表的なものとして学習塾。これはサービス業です。また、掃除や便利業、これも同じようにサービス業です。

●フランチャイズ化の判断基準とは

フランチャイズ化は、ある一定の成功したビジネスモデルがあり、かつ実績が伴って、標準化できる内容であれば、充分に実現可能なビジネスモデルであると思っています。

つまり、フランチャイズ化において重要なことは、業種や業態の分類ではなく、次の判断基準です。

・一定の成功モデルがあるか？　その実績はあるか？
・それは汎用性が高いビジネスモデルであるか？
・加盟店が経営するに当たって差別化され、期待される売上・利益が獲得可能であるか？
・一般的に加盟店募集を行った際に、果して加盟店が獲得できるのか？
・加盟店と共に成長を考えているか？

この中で一番難しいのが、「果して加盟店が獲得できるのか？」という視点であると思いますが、初期段階から容易に加盟店を獲得しているフランチャイズ本部を見ると、実は共通の事象が発生しています。

それは、顧客や取引業者、知合い等から、「ビジネスモデルに興味がある」といったことがフランチャイズ化する前からいわれている場合です。

その方が加盟店になってくれるかどうかは別として、フランチャイズとして加盟したいという魅力があるということになります。絶対条件ではありませんが、今後、フランチャイズ化を検討されている方は、まず周りの反応を見ることをおすすめしたいと思います。周りの反応が悪いということであれば何か問題があります。

また、「加盟店と共に成長を考えているか?」という視点は、重要なポイントであると思っています。

過去の相談の事例で、こんなことがありました。「資金繰り」が厳しいので、フランチャイズ化を図り、加盟金等を得ることで「資金繰り」の立て直しを実施したいというご相談でした。

これは、フランチャイズ本部の責任を軽視しているからこそ出てくる発想ですが、「資金繰り」が厳しいフランチャイズ本部では、加盟店と共に成長を行うような考えは出ることがなく、フランチャイズ本部が一方的に儲ける仕組みを構築する傾向が増加します。

また、加盟店へのバックアップも難しくなります。フランチャイズ本部のみ儲かる仕組みは長続きしません。

そのような状態であれば、フランチャイズ化よりも、まず、自社のビジネスモデルの見直しを実施し、立て直した後にフランチャイズ化を図るべきことです。加盟店は大きな投資を実施し、事業に参入してくることをフランチャイズ本部は充分に認識をする必要があります。

●決断のポイント

前述の「フランチャイズ化の判断基準も満たしている」と、フランチャイズ化の最終的な決断は、経営者判断になります。

フランチャイズ化のメリット・デメリット、フランチャイズ本部の責任、フランチャイズ化成功の法則をもとに、本当にフランチャイズ化を図り、全国展開を図ることが自社の経営戦略にとって妥当であるのか？　実はこれしか決断のポイントはありません。

ただし、フランチャイズ化を行うに当たって、加盟店を獲得するための広告費用等最低限のコストが発生します。そのようなコストが、捻出できないということであれば、フランチャイズ化の効果はスピードが遅く、低くなる傾向になります。

実際に、フランチャイズ化を行う上でのコストについても充分に情報を検討し、導入すべきであると考えています。

しかし、これは、大きなコストをかければよいという話ではありません。フランチャイズ化は、小さな会社でも、全国展開だけでなく、海外展開もできる手法であることは確信しています。

今後、さらに様々な業種・業態・規模からフランチャイズ本部が増えることを期待しますし、フランチャイズ本部にともっても、加盟店にとっても、成功に繋がるフランチャイズ化が増えることを切に願います。フランチャイズ化が、自社の成長戦略の手法として、さらに日本で定着していくことを期待しています。

●フランチャイズ化にコンサルタントは必要か

フランチャイズ化を決定したら、「自社で仕組みを構築するのか」「コンサルタント等の外部専門家と一緒に構築するのか」を検討することになります。専門家に依頼する場合、コンサルタント会社にも様々な企業があります。そのため選定が必要となります。最低限必要なことは、「コンサルタントをどのように活用するのか」ということを事前に明確にすることと、「成果を実現してくれる可能性が高いコンサルタント会社であるか」を見極めることです。

支援には、次のようなものがありますが、各社違うので、充分に情報収集することが必要です。

・フランチャイズ加盟店を開発するための営業資料や開発戦略を支援
・フランチャイズ本部として必要な機能をすべて支援
・フランチャイズ加盟店を反映させるためのマニュアル作成まで指導または支援
・業態の見直しから標準化、フランチャイズ本部機能、加盟店開発も一貫して支援

成果を実現してもらえるコンサルタントの選定方法は、最終的には「コンサルタントの考えと自社が合うかどうか」が重要となりますが、「フランチャイズ本部構築の経験」や「実際のフランチャイズ本部での実務経験」「過去支援をした会社が実際にどのようになったのか」の成果の視点がポイントです。

その他、本部構築は、過去の方法を横展開するだけでは困難であるため、「柔軟な発想があるか」が重要です。いずれにしても様々ですので、充分に見極めることが必要となります。

第2章　フランチャイズ化のまずはやるべき成功モデル分析の3つのポイント

1　フランチャイズの本部構築スケジュールとは

●フランチャイズ本部構築スケジュール

フランチャイズ本部構築を決断したら、次はどの期間で本部を構築していくのかを検討していきます。

加盟店開発を開始する最終目標日を設定することが重要となります。最終目標日から逆算してスケジュールを決定します。

●成功モデル分析・フランチャイズビジネスモデル検討、商標登録手続

最初は、自社の「成功モデル」について現状分析を行います。何が、売上をつくる要因であり、何が利益を出すことができる要因となっているかについて綿密に検証を行います。

実は、ここが一番重要な作業であり、多店舗展開は「成功モデル」を水平展開するから成功する確率が高いのです。

成功モデルが分析できた後は、フランチャイズのビジネスモデルを構築します。フランチャイズのビジネスモデルとは、加盟金や研修費等の収益面だけでなく、具体的に本部や加盟店のそれぞれの役割を決定します。商標登録や資金調達が必要であれば初期段階に実施します。

●加盟店開発戦略・加盟店開発用資料の作成

次は、フランチャイズビジネスモデルをもとに、「どのようなターゲット」の「どのようなニーズ」に対して、フランチャイズビジネスモデルを「どのように提案していくのか、」加盟店開発の戦略を検討します。

加盟店開発の戦略が決定したら、加盟店に自社のビジネスモデルを説明するための資料作成が必要となります。

●フランチャイズマニュアルの作成

次は、自社の「成功モデル」を分析した後に、それを「ある程度の素人」でも成功ができるように、マニュアル化を図ります。

すぐに「マニュアル化」をする方がいるそうですが、「成功モデル」をマニュアル化するから意味があるのであって、「レジ接客マニュアル」を作成することだけがマニュアル化ではありません。

成功モデルの成功基準をしっかりマニュアルに落とし込みましょう。

●加盟基本契約書・法廷開示書面の作成

最後は、「成功モデル」「フランチャイズビジネスモデル」「営業戦略」「マニュアル」の内容を踏襲した「フランチャイズ加盟店契約書」の作成を実施します。

フランチャイズは、契約によって成り立つ関係です。そのため、自社のフランチャイズビジネスモデルのすべてが「フランチャイズ加盟基本契約書」に反映されることが理想です。

また、加盟基本契約書と併せて情報開示書面の作成をおすすめします。

さらに、この段階で、本部運営に関する帳票などの作成も必要でしょう。

加盟基本契約書に関しては、作成した後は、必ず弁護士によるリーガルチェックを行うことが必要です。

ここまで完成すれば、加盟店の開発を実施していくことができます。

2 フランチャイズ化を行う上での必須条件!! 成功モデルとは

●フランチャイズ本部のノウハウがないという話

これは、実話です。既存のフランチャイズ本部の加盟店の方から相談を受けたのですが、「エステサロンフランチャイズAに加盟しており、毎月スーパーバイザーが来店しているのですが、現在の売上状況の確認と世間話ばかりで、全く売上を上げることができるアドバイスがない」というのです。

その加盟店の経営者は、その後、フランチャイズから離脱しました。フランチャイズ本部のすべてに当てはまることではないのですが、加盟者からこのような声をよく聞きます。

加盟金については、当然、ビジネスモデルを活用できる権利や商標などのライセンスの権利、開業準備費用等様々なものが含まれていることが多いですので、高い、安いというのは一概には言えません。

しかし、研修費やロイヤリティについては、簡単にいうと、そのビジネスモデルを実施する上での経営ノウハウを教えてもらうコンサルティング料金のようなものですので、加盟者の方はその対価に照らして、経営ノウハウを提供されると思われるのは当然です。にもかかわらず、この事例のように、本当に経営ノウハウはないのでしょうか。

私は、どのようなフランチャイズ本部でも、経営ノウハウはあると思っています。しかし、それに気づいていないから教えることができないというのが実情ではないかと思います。

●どのようなフランチャイズ本部でも成功モデルがある

ある一定の成功しているモデルがあるから、現在のフランチャイズ本部として展開できるのであり、成功モデルがあるから、直営店にしても儲かっているのだと思います。

売上を上げるにも、下げるにも、すべて実施した戦略があり、行為がある結果であり、まぐれで上がるということはあり得ません。まぐれで上がったというのは、その構成要素に気づいていないだけです。

つまり、経営ノウハウがないといわれる本部は、その成功モデルの分析が大幅に不足しており、何が成功につながったのかを客観的に説明ができないため、教育をすることもできないのです。

これは、実は、加盟店の成功確率にも大きく影響を与えます。なぜなら、成功モデルを本部が理解していなければ、当然、加盟店へ汎用性は低く、成功は加盟店の独自の力に起因することになります。

これからフランチャイズ化を行う際には、成功モデルの分析をしっかり行い、自社の成功モデルを把握した上で、水平展開をするためのマニュアル作成などを実施することが重要です。

●店舗型の成功モデルとは

多くのフランチャイズが店舗型となっていますので、店舗型の成功モデルについて解説します。

店舗型の売上に影響を与える大分類の構成要素を表すと、次のようになります。

・店舗型の売上＝店舗数×（商品力×商圏・立地力×運営力×販促力）

店舗には、一定の商圏範囲があります。これは、お客様が来店していただかなければ売上が上がらないため、来店ができる範囲があるからです。そのため、新たなお客様を獲得するには店舗数を増加する必要があります。

店舗数をフランチャイズ展開で増加させることでチェーン全体の売上が上がることが、フランチャイズ化となります。

単店であれば、店舗は、商品力と商圏・立地力、店舗運営力、販促力によって売上が構成されて

【図表２　店舗の成功モデルとは】

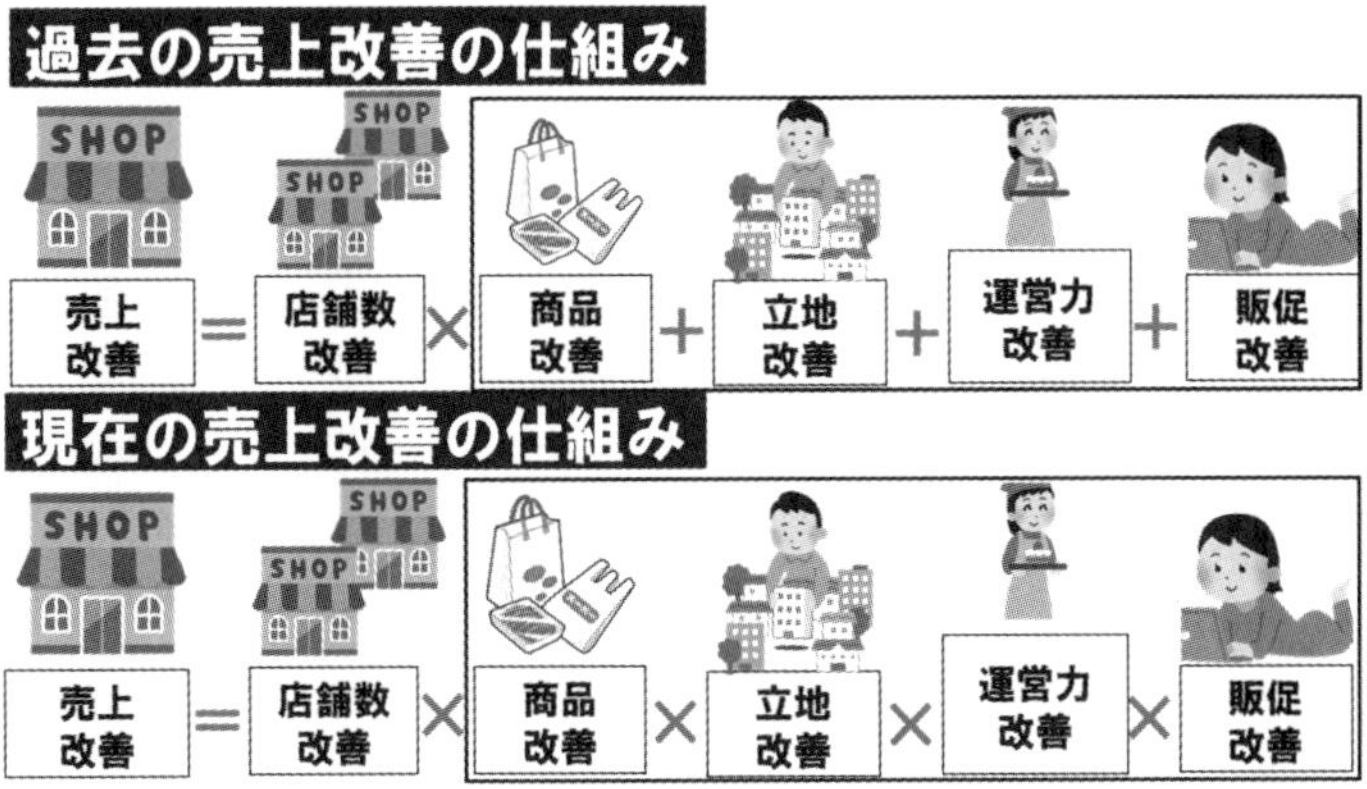

います。強い商品力を提供し、お客様の来店しやすい場所に出店し、お客様に満足いただけるような売場やサービス等を提供し、お客様に気づいていただける販促を提供することで、店舗型の売上の改善ができます。

この各要素の問題点を分析し、改善することが、売上改善の大事なポイントとなります。これを分析立案しているのが、コンサルタントの仕事となります。

従来は、この商品力、商圏・立地力、店舗運営力、販促力は足し算でした。何かに特に力を入れれば、それなりに売上が上がっていた時代です。

しかし、昨今の競争激化した環境では、商品力、商圏・立地力、店舗運営力、販促力は掛け算となっており、何か1つでも欠けると売上が上がりにくい掛け算となっています。総合的に改善をする必要がある時代となっているのです。

成功モデルを分析する際に、まず、この構成要素に従い、自社が「なぜ成功しているのか」を分析する必要があります。自社では、「どのような商品力を提供しているから売上が高いのか」「どのような場所に出店しているから売上が高いのか」「どのような運営力を提供しているから売上が高いのか」「どのような販促を提供しているから売上が高いのか」を分析するのです。

店舗型でないビジネスモデルであれば、この中で商圏・立地力がなくなります。商品力と運営力と販促力となり、店舗数は拠点数となるのです。

サービス業は、商品力をサービス力と読み替えていただく必要があります。

●成功モデルの分析方法とは

成功モデルは、図表3の分析項目が最低限の内容ですが、例にして分析をすると、明確化しやすいものと考えます。

ここで重要なことは、実際の戦略や行為、数値状況、店舗の現場を見て、図表3をチェックリストにして、「なぜ成功しているのか」を検証することが重要です。

例えば、販促を例に取ると、「どのような媒体に掲載しているから売れているのか」「その頻度はどの程度がよいのか」、また「どのような内容が効果高いのか」を検討します。

検証するためには、比較対象が必要です。競合他社が比較対象になる場合もありますが、店舗間で売上の高い店と売上が低い店での比較も有効です。

比較をすることで、自社の成功しているポイントが見えてきます。同じ項目を同じ基準で比較す

【図表３　成功モデルの分析項目】

一定条件を満たせば：約７割は希望利益を上げられる

一定条件とは何か？

商品	商圏立地	運営	販売促進
・客層	・商圏範囲	・売場陳列	・媒体
・ニーズ	・商圏特性	・接客	・内容
・シーン	人口・世帯	・身嗜み	・頻度
・差別化要因	年齢層	・販売技術	・新規来店策
・目的商品	・立地特性	・クリンリネス	・再来店策
・関連商品	・導線特性	・設備管理	・ブランド
・商品の幅	・建物特性	・従業員教育	・販促物管理
・価格	・競合情報	・店内体制	・個店販促

ることが重要となります。

成功モデル分析は、約70％が同じ方法を実施すれば成功できることを目処として考えるとよいでしょう。

店舗の最終的な売上には、「人」の意識や能力要因が起因します。しかし、方法論として同じ方法を実施すれば、最低限でも70％は再現性がないと成功モデルとはいえません。

加えて、成功モデル分析を実施するメリットとしては、自社の改善項目も改めて見えてくることがあります。

現行の成功モデルを、水平展開するだけでなく、自社のビジネスモデルをブラシュアップし、さらによいものにするためにはどのようにすればよいかという視点で検討すると、現行の既存店の改善にも繋がります。

そのため、本来であれば、直営展開で店舗拡大を図る場合であっても、この成功モデル分析は重要なのです。

3　成功モデルの汎用性を高めるマニュアルの作成ポイントは

●マニュアル化はなぜ必要か

「マニュアルはなくてもよい」という声をよく聞きます。また、「マニュアルは通り一辺倒のことなので役に立たない」というような話も聞きます。

確かに、世の中には、あまり役に立たないマニュアルが多く存在します。最初の新人教育のときだけ使えるが後は使えないというようなマニュアルも多数あると思います。しかし、それは、つくり方の問題であると思います。

では、逆に、マニュアルがなかったらどうなるのでしょう。加盟店向けの研修の際、口頭だけで伝えるというのでは、その場で理解をしたとしても、実際に持ち帰ってわからないということになります。

また、高額な加盟金や研修費をいただいたにもかかわらず、マニュアルが何もないということは、加盟者はどのように感じるでしょうか。

フランチャイズは、成功モデルをノウハウ化しているからこそ、加盟者は加盟するのであると思います。ノウハウ化をされていないとすれば、それが金額に見合うものであるかは、ぜひ、しっかり検討する必要があるものと感じます。

●どのようなマニュアルが必要なのか

フランチャイズ化に必要なマニュアルとは、あくまでも成功モデルを文書化したものです。成功モデルを横に水平展開をするからこそ、加盟店は成功できるものであると思っています。成功モデルを具体的に達成する方法と基準があるものがマニュアルです。

加えて、マニュアルは、誰でもそれを見ればすぐに実践できることが重要です。そのためには、文章だけでなく、絵、フロー図、写真等を活用して、ビジュアルとしてはっきりわかる内容が重要ではないかと思います。

加盟者の能力を研修で上げることも重要ですが、誰でもわかるレベルに仕事を簡単にするということも重要であるということです。

●マニュアルは適宜変わるもの

マニュアルは、当然、成功モデルを明確にするものですから、より現場に近い具体的なものが明記されているということになります。その成功する方法は、日々進化するでしょうし、新たな成功要因も見つかるでしょう。

その結果、マニュアルは、改訂されなければならないものでもあると思っています。1度作成したら終わりのマニュアルや、年間変わるか変わらないかわからないマニュアルでは、そのようなことはできません。

そうすると、紙でのマニュアル配付がよいのか、電子化されたマニュアル配付がよいのか、検討が必要になってくるものと思います。

マニュアルは、ビデオ等でも問題ありません。目的は成功モデルの標準化ですから、それを実現できるものであれば問題はないものと思っています。

重要なことは、成功モデルを多くの加盟店に徹底してもらうためにはどうするかではないかと思っています。

確かにマニュアル作成は、非常に大変な作業です。しかし、加盟店が成功モデルの標準化ができず、事業が反映しないことのほうが深刻な問題ですので、マニュアル化をぜひ進めていただきたいと思います。

●マニュアルで重要なことは成功する方法が明記されるノウハウ本

マニュアル作成で重要なことは、成功する方法が記入されている必要があります。例えば、エステサロンにおいて、身嗜みや笑顔、言葉遣い等の基本接客も重要ですが、一番重要なものは、カウンセリングの具体的な方法です。

これは、お客様ごとに変わるので、マニュアル化しにくいということで、基本接客しかマニュアル化していないことがあります。これでは、マニュアルは最初だけ読まれて、業務に慣れてしまえば読まれないものとなります。

マニュアル化しにくいものであるからこそ、標準化がしにくいのであり、ここに個々のお店や人によって売上が変わる変動要因があるのです。正にこのようなケースこそ、マニュアル化が必要であるといえます。

事例研究としてのマニュアル化やQ＆Aとしてマニュアル化をすることも可能です。現行のフランチャイズ本部は、この点が弱い本部が多いと感じています。

また、マニュアルには、活用すると効果が高いツール等も掲載します。例えば、店舗ごとに売上計画を立案して、自主的な販売活動が必要であれば、「月間行為計画書」や「週間行為計画書」等の様式と使い方が掲載されている必要があります。店舗の設備の維持管理を徹底したのであれば、「店舗の設備の維持管理を行うチェックリスト」も必要でしょう。

現行の直営店で活用しているツールを活用しても構いませんし、その内容を加盟店用にさらに重点項目を決めて簡略化や改良を加えることもよいでしょう。

このマニュアル化によって、直営店も管理体制もさらに強化されます。本来は、直営店でも店舗数が増加するとこのマニュアル化は不可欠なものとなります。フランチャイズ化をきっかけに整えることが望まれます。

マニュアル化は、成功する方法が明記されているノウハウ本である限り、役に立たないということはありません。重要なことは、「つくり方」と「使い方」であり、フランチャイズ本部を構築するに当たり、必須アイテムであると思います。

●マニュアルは教育と評価が連動しなければ意味がない

成功するノウハウをマニュアル化し、適宜更新を行っても、マニュアルは意味を成すものにはなりません。マニュアルは、教育され、それを実行し、その実行した結果を評価されてこそ意味を成すものになります。コンサルタントが、仕組みを構築するだけでは成果が出ないのも、仕組みは運用されて、かつ、成果を上げてこそ意味があるからです。マニュアルはその典型例です。

① 教育はどのようなタイミングで実施するのか

マニュアルの教育は、フランチャイズ加盟時の初期教育および定期的に加盟者を集めての教育、スーパーバイザーが臨店して継続した教育が必要です。

② マニュアルの評価とは何か

マニュアルは、実行度合いをスーパーバイザーの臨店によって評価を実施します。実行度合いを評価しなければ、マニュアルを徹底することはできません。徹底しなければ、成果を上げることもできないということになります。さらに、評価の際には、成果も確認します。マニュアルどおりに実行しているのに成果が出ないのは、マニュアルや仕組みに何か問題があるのではないかという視点で見直しを実施するのです。その際は、マニュアルの変更も必要となります。

ＰＤＣＡという管理サイクルにおいて、マニュアルは計画であり、教育が実行であり、チェックと改善に当たるものは評価になります。このサイクルが回らなければ、マニュアルは意味を成しません。特にフランチャイズ本部立上段階のマニュアルは、不完全であることも多いものです。

第3章

成功するフランチャイズ化の本部構築の7つのポイント

1　自社の成功モデルは果して売れるのか？　最新の加盟希望者の要望を知る!!

●人気のフランチャイズ本部を検証すると…

弊社では、多数のフランチャイズ本部の加盟相談も実施しています。それが、直近のフランチャイズ加盟希望者の要望やニーズを把握する大きな機会にもなっており、フランチャイズ本部構築を行う際にも重要な情報源となっています。

ここでは、最新の加盟希望者の要望について解説します。

●人の問題が不安

「人は、どれぐらい必要なのか」「果してその人は確保が可能なのか」。これらは、マスコミでも頻繁に報道されていることで、かつ、直近の特に店舗型ビジネスにおいて喫緊の課題となっているように思えます。

そのために、生産性向上を図る店舗が増えているのが実状でもあるのですが、生産性向上どころか人手がそもそも足らないというのが実態です。

これを解決するには、「人が必要ない仕組みにしていく」「1人ひとりの生産性を上げる」「他社よりも魅力的な企業にする」ということになるものと思います。

フランチャイズ本部への加盟希望者が心配されるのは、その人の問題が大きくなっているといわれる環境の中で、自分が開業した場合に「果して解決されるか」という視点で心配されているようです。または、今の自社のビジネスモデルが「非常に人で苦戦する傾向があり、もうこのような思いはしたくない」という考えの方もいらっしゃいます。

今後、フランチャイズ化を実施する中で、この課題は、フランチャイズ加盟店開発にも影響を及ぼしているということです。また、実際のフランチャイズ本部の既存店の人不足による売上や利益低下の問題の解決も必要になるものと思います。

そこで重要なことは、現在の既存のモデルを次のように検討する必要があります。

①　人の確保は容易なビジネスモデルであるか。
②　人の確保が困難なビジネスモデルである場合は、人を減らすことができないのか（大箱のモデルから中箱・小箱のビジネスモデルにできないか等）。
③　人の生産性向上ができないか（機械化、業務効率化、売上・利益の改善等）。
④　本部が人を供給できる体制ができないか（業務委託等）。
⑤　人の募集に本部がバックアップできないか（本部も協力して人の募集を実施する等）。

●雇われない生き方のニーズ

独立や開業のニーズにおいて増えてきているのが、主婦の方の開業ニーズです。このニーズのポイントは、「ワークライフバランス」を保ちながら、「必要な収益を確保していく」ということにあります。

「家庭で子供を持っていると正社員の仕事はなかなか難しい。しかし、パートやアルバイトではなかなか希望する収益が確保できない。起業することで、自分サイズのビジネスができないか」というニーズになります。

ここでは、私生活と仕事の両立を目的としているため、「年収1，000万円以上も可能」等のキャッチフレーズでは反応してきません。現在、このようなターゲット層は、○○講座等を受講して起業を模索している層になります。ここには、フランチャイズ本部が加盟店を開発できる余地があるといえます。「ワークライフバランスが保てるビジネスモデルにできないか」を検討していただくことで、加盟店開発の幅は間違いなく広がるものであると思います。

●新規事業のニーズ

現在、既存事業を運営している法人や個人からもフランチャイズのニーズがあります。新たな新規事業としてフランチャイズを導入したいという考えからです。

既存事業とのお客様や人的資源、物的資源等の相乗効果を狙った参入もありますし、全く新しい事業の柱を構築する上でのフランチャイズの活用もあります。

傾向としては、直近の時代の変化が速い環境であることは、経営者としては肌感覚で理解していることが多く、投資の回収スピードを求める傾向が強くなっています。また、投資回収が遅くても高収益のビジネスモデルについては、安定したニーズがあります。

法人がフランチャイズを導入するメリットとしては資金力があることが多く、フランチャイズでの多店舗展開が早いことや、フランチャイズでの新規事業の売上が苦戦しても母体の経営が安定していることで、長く継続できることがあります。

逆に、デメリットとして、商材として捉えていることが多く、ビジネスモデルの成長が難しいと判断したり、事業としてよくないと判断した場合には、一気に撤退や他のフランチャイズ事業に変更することも事実です。

●副業ニーズ

現在、副業のニーズが増加していることも社会の変化です。通常は別の会社で働き、フランチャイズ事業を副業として捉えます。この場合は、事業の運営等は本部に依頼することが多く、投資の一部として事業を捉えている一面もあります。

この場合のポイントは、空き時間で事業運営ができることが必要なため、本部に加盟店舗の運営を委託するという選択肢を取るのです。

また、開業でも、最初は副業から初めて、事業が軌道に乗れば本業として独立するというニーズもあります。

このニーズをとらえるためには、投資金額が低いことや空き時間で業務が実施できること、または本部に業務運営を委託できる制度等が必要となります。

●資産の有効活用ニーズ

昨今、地方を中心に、テナントの空物件をどのように活用するかということで、不動産オーナーの悩みが増えています。

そこで、「自社テナントに入居がないのであれば、自身で事業を行ってはどうか」というのが資産の有効活用のニーズです。この場合も、加盟者の本業は不動産の経営ですので、副業としてのニーズと同じ体制が必要になる傾向が強い状況です。

特徴としては、物件が決定しているため、「どのような業種や業態が自社物件に適切か」という視点でフランチャイズを選定しているため、物件からの発想になることが上げられます。

2 フランチャイズ本部の展開方式を知る

●ビジネスフォーマット型とは何か

「ビジネスフォーマット型」とは、世の中に出ている多くフランチャイズ本部が適用しているフランチャイズモデルです。フランチャイズ本部の「成功したビジネスモデルや経営ノウハウや商標を加盟店が活用し、事業運営を行う方式」となります。

ビジネスモデルや経営ノウハウを加盟店が使用するには、加盟金や研修費等を初期に徴収し、定期的に経営相談やフォロー等を実施することで、ロイヤリティ等の収益を得る形を取ります。

私は、フランチャイズ化を実施する企業には、極力このビジネスフォーマット型をおすすめするようにしています。それは、次の理由からです。

●フランチャイズ本部は初期の収入で収益を上げるのではなくストック収益が重要

フランチャイズ化の相談を受ける際によくある話ですが、初期に200万円程度の費用をいただいて、フランチャイズ本部としては継続した加盟店フォローをしたくないというケースがあります。

これは、継続的なスーパーバイジングが本部としては難しいという視点からですが、私はこの方法は極力取らないようにしています。それは、次の式をご覧になればわかると思います。

《加盟金200万円、ストック収益：ロイヤリティ等0円の場合》
・1加盟店当たりの本部売上＝加盟金200万円
《加盟金0円、ストック収益：ロイヤリティ売上の5％の場合》
・1加盟店当たりの本部売上＝ロイヤリティ：売上300万円×5％＝15万円／月↓年間：180万円。契約が5年間の場合は、180万円×5年間＝900万円

どのような本部でも、ストック収益のほうが本部売上は最大化されるからです。また、後のフォ

ローを実施しないというのであれば、素人の加盟店が成功する確率が下がります。結果として撤退が多く発生し、新規加盟も難しくなるのは想像がつくものと存じます。

フランチャイズ化をするのであれば、積極的にフォローを実施すべきです。そのほうが、フランチャイズ加盟店も大きなメリットがあります。

フォローする頻度は、フランチャイズ本部が、事前に加盟店の成功できるフォロー頻度や内容・方法を加味して決め、加盟店へ契約書を通じて告知すればよいのです。フォローができないからといってビジネスフォーマット型を適用しないことは、フランチャイズ本部にも加盟店にもデメリットが多いと思います。

●ライセンスパッケージとは

ライセンスパッケージとは、フランチャイズ化の展開方法の1つの選択肢です。商標やビジネスモデルを加盟店に貸与し、さらに初期研修等を実施し、加盟店がフランチャイズ事業を行う環境をつくるまでは一緒ですが、通常のビジネスフォーマット型のフランチャイズと違うのは、後のフランチャイズ加盟店のフォロー方式です。

ライセンスパッケージでは、アフターフォローが軽減した内容になります。簡単にいうと、通常のビジネスフォーマット型のフランチャイズ本部のアフターフォローが減少する形になります。そのため、ストック収益としてのロイヤリティ等で徴収する額は、低額となるか、徴収しないケース

【図表４　フランチャイズシステムと類似システムの仕組みと収益】

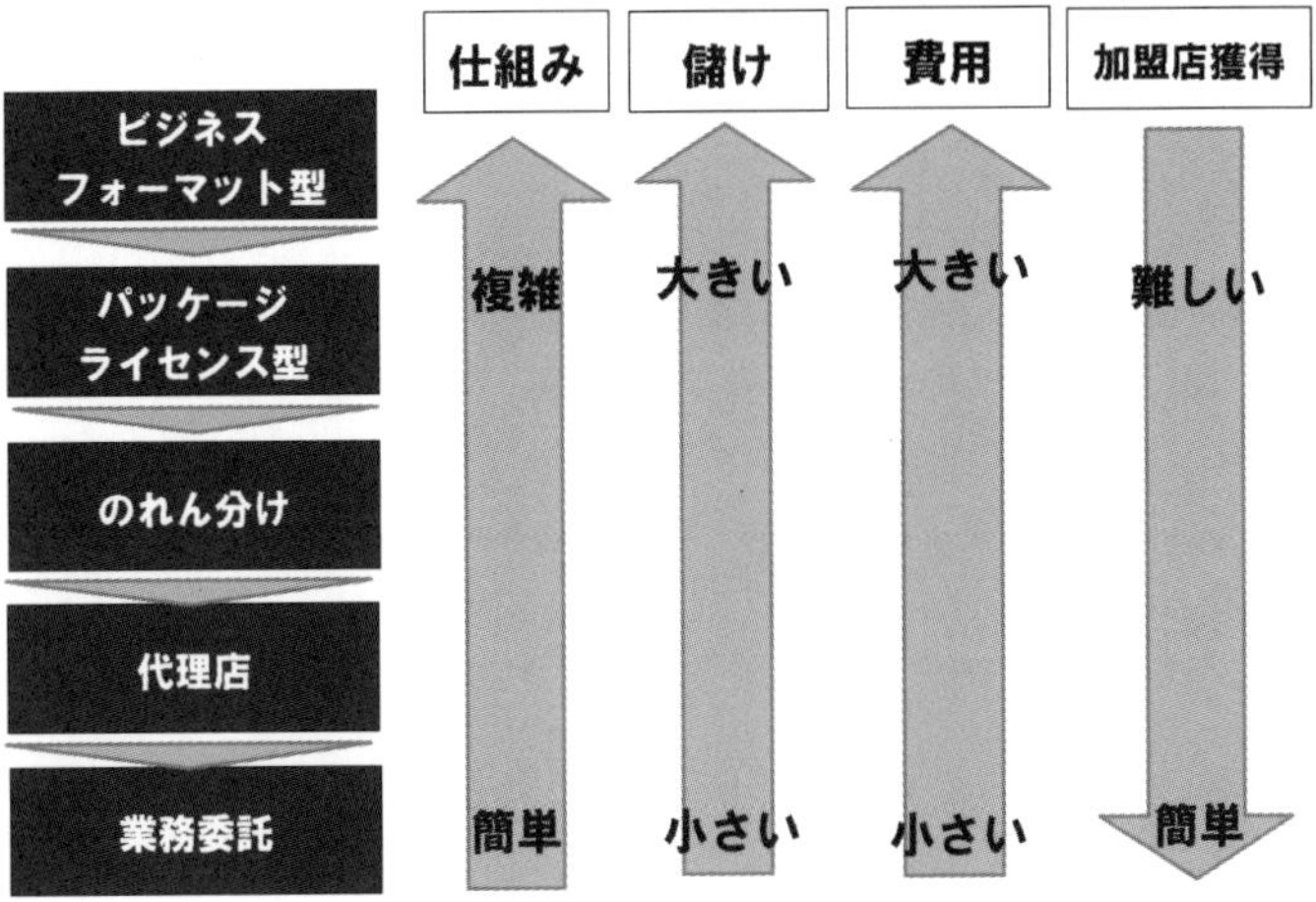

もあります。加盟店にとっては、コストは軽減できるというメリットがあります。

しかし、逆をいうと、フォローは手薄になるということですから、加盟店が独力で経営を成り立たせないといけないということになります。つまり、成功確率は通常のビジネスフォーマット型のフランチャイズ本部よりは低くなるということになります。

フランチャイズ本部のストック収益面では、ロイヤリティ等の収益の代わりに、材料や商品の販売差益などだけで本部運営をするということになります。

このモデルのデメリットは、継続的に本部が売上を伸ばすにはフランチャイズ加盟店の開発を常に上げていかなければならないということになります。つまり、毎年新しい加盟店を開発し続ける必要があるということです。

●どのような企業がライセンスパッケージに向いているのか

ライセンスパッケージには、メリットもあります。商材を本部が開発し、提供し、商材の販路を一気に拡大する際に、様々な業種に導入してもらう目的でフランチャイズ化を図る場合です。

加盟店としては、現在行っている事業に新規の商材として追加で導入する形であれば、この方式が向いていると思います。

例えば、自社の加工された食品をいろいろな店舗に1つの商材として取り入れて欲しいといったケースです。事業は、別事業を行っているわけですから、その商材を入れることで撤退という形にはなりません。しかし、商材として入れてもらうだけでは、なかなか導入してもらえないので、販売方法もつけて販売する。このような形であれば、ライセンスパッケージは有効であると考えています。

しかし、この場合は、まず商品力が問われるため、ライセンスパッケージにするということは強い商品力を持っていることが前提になります。

●「のれん分け」とは

「のれん分け」とは、従業員が独立する際に、自社のビジネスモデルを貸与して事業を行う権利を与えるものです。「のれん分け」もフランチャイズシステムとなります。飲食業においては、昔から活用されていた「フランチャイズ方式」の1つであるといえます。

飲食業は、独立心の高い方が多く、かつ、経験したビジネスモデルをベースに開業を行うことが多いので、従業員だけでなく、本部としてもメリットが大きかったことが要因であると思っています。

しかし、どんなに信頼がおける従業員であっても、独立すれば別の経営者であり、同じ事業を行う上で最低限守るべき約束事を定めた契約書は必要になってきます。つまり、これが「フランチャイズ基本契約書」となります。つまり、通常のフランチャイズ化と変わりなく、違うのは加盟する対象が自社の従業員であるということになります。

しかし、「のれん分け」においては、従業員が独立する際の奨励制度でもあるため、加盟金やロイヤリティ等の減免を行ったり、初期研修も終了しているため、研修費用等も徴収しない場合が多いものです。また資金調達の支援を本部も一緒になって行う場合もあります。

●「のれん分け」における最低限の仕組みとは

「のれん分け」が他と違うのは、加盟者が自社の業務をよく理解しているということです。つまり、「のれん分け」だけであれば、研修も必要ないでしょう。また、マニュアルも必要ないかもしれません。

ＳＶ（スーパーバイザー）業務は、実施する必要があると思いますが、それも「ビジネスフォーマット型」ほどは必要ないでしょう。

つまり、通常のフランチャイズとは異なり、「のれん分け」だけであれば、膨大な仕組みなどをあまり必要とせずに、「フランチャイズ基本契約書」だけで運用することもできるでしょう。これが「ビジネスフォーマット型」と並行して実施するのであれば、「ビジネスフォーマット型」の仕組みをつくり、その中に「のれん分け」を付け加えることになります。

「のれん分け」の場合は、加盟金や研修費、ロイヤリティ等の費用も変わってくると思います。しかし、重要なことは、他のフランチャイズ方式と並行する場合は、客観的な公平性が必要です。「研修が必要ないから研修費はいらない」というのは客観的ですが、同じシステムを活用するのにシステム使用料が減額されるのは、公平性があるとはいえないのでしょう。

●「のれん分け」の本部と加盟店のメリット

私は、どの業界でも「のれん分け」を導入していただくことをおすすめしています。それは、本部としてもメリットが大きいものだからです。次のようなメリットがあります。

① 初期段階の加盟店開拓を行う際の実績として反映ができる

フランチャイズ化を行った際に一番課題になるのが、第1号のフランチャイズ加盟店の獲得です。直営の実績しかない、また店舗数が少ない段階でのフランチャイズ加盟募集は、加盟店候補者は実績の面で非常に不安に感じるものです。

その点を改善するために、独立を行いたいと考えている従業員にフランチャイズ加盟店として「のれん分け」で独立をしてもらうことで実績に繋がります。

②　初期段階のフランチャイズ本部としては管理がしやすい

自社業務を精通していますので管理も簡単であり、かつ従業員の性格や考え方なども深く知っているため、本部としても管理しやすいという点があります。逆にデメリットは、独立する従業員が、自社のベテラン従業員である場合、SVが経験で劣ることがあります。その場合、SVとして独立した従業員に指摘や指導をしにくいという面がデメリットとして上がることが現場であります。

③　「のれん分け」する従業員についてもメリットが大きい

「のれん分け」をされる従業員の多くの場合、加盟金の減額や研修の免除、ロイヤリティ等の減免などの措置が取られることが多いものです。そのため、従業員さんが独立するに当たって、資金の面で大きくバックアップを得られることになります。

かつ、自分で充分に習得してきた仕事で独立や開業を行うのであれば、当然、成功確率も高くなり、さらに元々の企業の看板や商品等のブランドや商品力を活用することができることは、大きなメリットであると思います。

④　独立志向が強い業界では人手不足解消の要件になることがある

人口減少においては、大きな課題が人手不足です。それをカバーする独立支援奨励制度というのが、この「のれん分け」ということになります。

求人募集の際にもアピールできるポイントになります。そのため、独立志向を持つ、元々モチベーションの高い従業員さんの採用に繋げることができます。

●「のれん分け」時の注意点は

① 優秀な従業員が独立する可能性がある

優秀な従業員は、現状に甘んじることがないものです。独立支援制度を使って、「のれん分け」で独立する可能性があるという懸念があります。

しかし、優秀で独立心をもっている従業員は、どちらにしても独立するため、チェーンの1員になることはむしろプラスになると思います。

② 会社として公平である必要がある

「のれん分け」は、会社として明確な基準が必要です。基準がないということは、「経営者の好み」ということになりかねません。そうなると、公平性が下がり、制度事態が不満の要因になります。

明確に基準を設けて、評価も公平である必要があります。

3 エリアフランチャイズという展開方法は

●エリアフランチャイズとは

エリアフランチャイズとは、フランチャイズ本部があるエリア内の一定の企業に本部が持っている本部機能の一部を与え、フランチャイズ本部としてもそのエリアで活動してもらうやり方をいいます。これは、サブフランチャイズともいわれています。

フランチャイズ加盟店は、エリアは限定されているものの、フランチャイズ本部として活動することができるわけですから、加盟店にとっても大きなメリットになるフランチャイズ手法です。

①　エリア内でフランチャイズ加盟店を募集し加盟契約する権利

本部としても、エリアフランチャイズが加盟募集するため、店舗数を加速させることができます。

②　開業準備や研修やＳＶ活動などの権利

開業準備や研修、ＳＶ活動などをエリアフランチャイズに任せることで、加盟金の一部や研修費、ロイヤリティ等の一部をエリアフランチャイズがエリア内の加盟店から徴収することができます。本部は、エリア内の本部運営に関しては任せることができるため、小さい本部でも大きく伸ばすことができるというメリットがあります。

このような権限は、本部と加盟店との取決めですので、加盟開発だけということも可能ですし、エリアの本部運営まで依頼することも可能であり、フランチャイズ本部の戦略に従って構築することができます。

エリアフランチャイズ構築のためには、通常のフランチャイズ本部の仕組みの他、本部を運営するためのマニュアルや研修・契約書等の仕組みが新たに必要になります。

エリアフランチャイズを導入することで、加盟金や研修費、ロイヤリティ等の本部収益は下がることが多いですが、その加盟店獲得が加速され、総合的にフランチャイズ本部は売上が上がることになります。

●エリアフランチャイズにもデメリットがある

エリアフランチャイズの代表的なデメリットは、エリアフランチャイズのFC離脱です。過去にも様々な問題が出てきていますので、ご存知の方も多いとは思いますが、店舗数を大きく持つこと、本部機能も担うことで、エリアフランチャイズのフランチャイズ本部としての存在は非常に大きなものとなり、フランチャイズ本部と同じベクトルが向けない場合は、大きな店舗数の離脱の可能性が発生します。

そのため、フランチャイズ本部とエリアフランチャイズ本部としては、信頼やコミュニケーション関係が取れていないとエリアフランチャイズを任せることができないということになります。つまり、選定基準やエリアフランチャイズに対する継続的な研修や指導が必要になるということです。

このエリアフランチャイズという手法は、フランチャイズ化の初期段階ではあまり検討することはないでしょうが、将来導入するか検討した上で、フランチャイズ化を行うことが加盟金や研修費、ロイヤリティ設定の上で重要なポイントとなります。

4　フランチャイズ本部に必要なフランチャイズの基本設計とは

●フランチャイズ本部に必要な基本設計

フランチャイズ本部構築を実施する上で、加盟店との取決め事を決定していく必要があります。

これは「フランチャイズ基本契約書」に反映されてくる内容となります。
ここからは、最低限フランチャイズ基本契約書に反映すべき基本設計について解説します。

●本部の役割と加盟店の役割

フランチャイズの基本設計は、本部の役割と加盟店の役割を決定することから始まります。フランチャイズ本部として、「加盟店に対して何を提供するのか」「加盟店の役割として何を実施してもらうのか」を明確にします。

次に記すのは、フランチャイズ本部と加盟店の役割の項目の1例です。「具体的に5W2Hを明確にしたもの」が役割となります。

役割によっては、本部運営に必要な資金も変わってきますので、基本設計の最初に役割分担を明示することが重要です。

○本部の役割の項目（例）

商品開発と情報提供、出店サポート、物流体制の構築、情報システムの構築、広告宣伝の実施、経営相談業務等

○加盟店の役割の項目（例）

従業員の採用・教育・管理、商品の発注・品揃え・在庫管理、販売促進、販売活動、建物・設備の管理、経営数値の管理、クレーム処理、報告・連絡・相談等

●加盟金の設定について

加盟金は、主に次の目的で設定されます。

加盟金の内容は、各企業で決定ができます。加盟金は何の目的の費用なのかを契約書などで明確にすることです。

① ブランド使用料として

自社のブランドや業態のビジネスモデルを活用して加盟店が事業を行うビジネスモデルです。当然、本部は、ブランドを使用させるので、ブランド使用料を徴収する目的で設定します。

② 経営ノウハウ提供料金として

ブランド使用と併せて、様々な成功モデルの経営ノウハウを提供します。その経営ノウハウ使用料として加盟金を設定します。

③ 初期立上げ費用として

開業準備費用として別にするケースもありますが、多くのフランチャイズ本部では、加盟金の中に含むことが多いのが実情です。

初期の開業立上げにおいては、商圏調査や物件の精査、内外装工事のアドバイスや従業員の募集・採用・教育方法、広告宣伝方法などについて、実際の加盟店の店舗に入り込んで実施する必要が多くあります。

その費用として加盟金を設定します。

●加盟金の設定方法は

フランチャイズ本部にとっては、既にブランドは確立されており、経営ノウハウも確立されているため、改めて費用がかかることはありません。

そのため、加盟金は、初期の立上げを行う上での人件費以外についてはそのまま本部収益になるケースが多いものです。

次に、金額設定する際に考慮すべき点を紹介します。

①　業界にとらわれずに他社の加盟店開発戦略を参考にする

最初に確認すべき事項として、業界にとらわれず、他のフランチャイズ本部の加盟金の設定金額と内容を確認することです。

これは、業種ではなく、同じ加盟店のターゲット層を狙っている本部について横比較します。フランチャイズの特性として、業種で検討する場合もありますが、同じようなターゲット層のフランチャイズ本部から、自分が興味のある業種を幅広く探す傾向があるためです。これは、フランチャイズを1つの商材ととらえている結果です。

また、加盟金の価格が高いほど、加盟希望者は充分に検討する傾向がありますが、加盟獲得が困難となり、加盟金の価格が低いほど気軽に加盟するようになる分、加盟獲得が容易になる側面があります。

加盟後の加盟店の営業活動にも影響を与えるため充分に検討が必要です。

②　加盟金の資金使途に基づき設定する

さらに、加盟金の資金使途について確認します。

人件費以外に必要なものとして、フランチャイズ加盟を促すための広告宣伝費があります。フランチャイズ本部は、加盟募集情報を何らかの方法で告知しないと加盟店に認知されません。そのため多くの場合、広告宣伝に投資することになります。この広告宣伝の加盟契約1件当たりの獲得単価を出し、それに人件費や利益を乗せる方法となります。

この確認がないと、ストック収益であるロイヤリティ等で初期の加盟獲得の広告宣伝費を回収することになり、加盟店を獲得すればするほど赤字になる可能性が出てきます。また、本部としての収益が弱くなることもあります。

●保証金の設定について

保証金とは、加盟店が本部に本来支払うべき債務について、支払いが滞った場合等のために本部が担保として事前に設定するものです。賃貸物件等を借りた際の敷金と類似しています。

もっとも、保証金は、加盟店が本来支払うべき債務と相殺するということはできません。あくまでも何かあった際の担保として抑えるという性質のものになります。

そのため、フランチャイズ本部が保証金を検討する際には、設定する必要があるのかという視点で行います。

保証金を設定すれば、フランチャイズ本部としてはリスクヘッジになりますが、当然、初期投資は上がりますし、売上ではなく、預かり金となることも留意しなくてはなりません。加盟店の開発面との総合判断をする必要があるということになります。

あくまでも保証金は、預かり金ですから、加盟店が解約した場合、通常どおりフランチャイズ加盟店が支払うべき金員が本部に支払われていれば、保証金は返金する必要があります。そこまで念頭に入れて設定します。

●保証金の額はどのように検討するのか

保証金の額は、毎月、どの程度加盟店が本部に支払うものがあるのかをベースに算出する必要があります。要は、債務となり得る可能性があるものがどの程度あるのかを算出するということです。

加盟店が本部に支払うものの例としては、ロイヤリティや原材料費、広告宣伝費、システム使用料等があります。これらの項目をまず抽出します。その上で、モデルシミュレーションを元に額を算定することになると思います。

その何か月分を担保として抑える必要があるのかという視点で検討します。その上で、保証金を設定しますが、この額についても上がれば上がるほど初期に掛かる加盟店の費用は増加しますので、実際のフランチャイズ加盟店の開発戦略と照らして、妥当であるかという視点で検討する必要があります。

●研修費用の設定について

研修費の多くは、初期研修費として費用項目として上げているケースが多い状況です。また、フランチャイズ加盟後に定期的に研修を実施するのであれば、それを定期研修費用として設定する必要があります。

研修の合格者に加盟資格を与える場合には、加盟資格者が不在になった際はどのような処置をとるのか、そのときの研修制度はどうするのかなども詳細に決定する必要があります。

●研修費用の設定ポイントは

研修費用の設定のポイントは、次のとおりです。

① 原価を算出する

最初に、研修にかかる原価を計算します。

研修費の原価は、まず人件費です。また、研修で使用するテキスト代も必要です。さらに研修会場の費用も考慮に入れなければなりません。

さらに、加盟店の希望エリアで実施する場合には、出張旅費費用や宿泊費用なども考慮に入れる必要があります。

② 他社の研修費用を研究する

次に研修費用の検討内容としては、他社の研修費用を研究することです。それは、いくらの売価をつければよいかという視点で重要となります。

しかし、最終的には、加盟初期にかかる総額に照らして妥当であるかを評価しなくてはなりません。原価の積上げや費用の積上げだけでは、フランチャイズ本部の仕組みが実際購入される加盟者の購買範囲を超えていては全く意味がないからです。

研修費用は、定期研修や追加研修にも影響を与えます。定期研修や追加研修も、当然、原価を算出し、他社の費用も考慮に入れながら、またランニングコストとしての加盟店の購買範囲も併せて検討しますが、ここの数値と初期研修費が、全く整合性が取れないものであっては、公平妥当なものとはいえないからです。

初期開業費用は、当然、その後の加盟店の売上・利益モデルシミュレーションから、どれくらいの期間で投資回収可能かという視点でも最終的な評価が必要となります。

●ロイヤリティの設定について

ロイヤリティとは、本部の継続的な収益として本部運営費用に充てられる費用になります。ロイヤリティは、加盟店の継続的な経営指導料や経営ノウハウの継続的な使用料、商標や標章等の継続的なシンボルの使用料になるケースが多い状況です。

ロイヤリティの設定に当たっては、どのような加盟後の支援を実施するかについて検討しなくてはなりません。その対価としてロイヤリティをいただくわけですから、ただ、他の企業がロイヤリティ○%としているから当社もそのように設定するというのでは、後々問題が発生することになります。

重要なことは、まず加盟店を繁栄させるに当たり、どのようなフォロー体制をとるのか決めることです。それに必要な経費と本部運営費が、このロイヤリティに充当するものとなります。

「当社は看板代でいただく」という企業もありますが、正直、小さな会社での初期段階のフランチャイズ本部の看板の価値がどこまであるかは、非常に疑問のところがあります。

また、経営ノウハウの使用料であっても、最初の加盟金や研修費用をもらった上でいただく費用ですから、どこまでその費用に価値があるのかは非常に疑問が残るところです。

小さな会社のフランチャイズ化においては、このフォロー体制に関する対価という意味合いが大きいと考えます。

●ロイヤリティは売上利益モデルシミュレーションも考慮に入れる

充分なフォローを実施していこうという考えに立って、必要となるロイヤリティ額を算出すると、非常に高価になる場合がままあります。高価になるということは、それだけ加盟店開発における競争力は減少する原因となり、加盟店の売上利益シミュレーション結果を悪化させることにもつながります。

そのため、まず、適正な標準ロイヤリティ額を算出し、必要な業務と照らし合わせた上で、最低限必要なことだけに絞り込む検討が不可欠です。それをやってある程度ロイヤリティ額を圧縮しないと、実際に加盟店を開発することも困難になりますし、併せてロイヤリティの結果、加盟店の収益が上がらない結果に繋がることもあります。

この両面でロイヤリティ設定を検討することが重要です。

●ロイヤリティの算出元について

ロイヤリティは、大別すると、売上で分配する形、荒利で分配する形、固定でいただく場合の3とおりがあります。それぞれメリット・デメリットがありますが、最低限、算出する元のデータが正確に把握できることが前提となります。

売上分配であれば売上の正確な金額が算出できなければできませんし、荒利分配であれば売上と原価の正確な把握が重要となります。原価を把握するには、当然、棚卸も重要な要素となります。

それもできなければ、固定でロイヤリティを設定するという形になります。しかし、加盟側からすると、「売上も上がるかどうかわからない時点で、固定のロイヤリティは難しい」と考える加盟店も多いのが事実です。

●広告費の設定について

フランチャイズ本部では、一般的に様々な広告宣伝を実施しています。フランチャイズ本部チェーン全体および加盟店個店が売上を上げるに当たり、商品やキャンペーンなどの催事、ブランディングを行うための広告等多岐にわたります。

さらに広告を区分けすると、フランチャイズチェーンの認知度向上を図るためのものもあれば、すべての直営店や加盟店を含んだ全域の広告宣伝もありますし、個別の店舗向けの小商圏での広告宣伝もあります。

広告宣伝は、店舗の売上を上げる上で重要な役割を果たすことも多いものです。

●広告費を決定する上でのポイント

フランチャイズ本部としては、広告負担についても本部と加盟店との役割分担・費用負担を明確にすべきです。これは、あくまでも本部と加盟店との決め事になりますので、各本部で、適正でかつ公平な内容を決定することが重要です。特に加盟店に対して、納得性の高い内容であることが必要です。

フランチャイズ本部が広告運用も実施するのであれば、運用代行費用として本部収益を得ることも可能ですが、「どのような広告の運用を実施するのか」を具体的に明示することが望まれます。

今後のフランチャイズ本部チェーンとしての広告戦略についても、充分に検討を行い、広告費について決定していく必要があります。

一概に広告といっても、テレビＣＭやラジオＣＭもあれば、ネット広告もあります。フランチャイズ本部として、加盟店の段階やエリアに応じて、適切に決定する必要があります。

その場合の留意点として、加盟店の売上・利益シミュレーションにも充分に配慮する必要があります。広告費が加盟店の経費バランスを崩すことになれば、加盟店を運営することもできないからです。

●システム使用料の設定について

加盟店の正確な数値やデータの把握・分析をして、経営指導に活かす点も踏まえて、システムの整備が必要になる場合があります。しかし、システム構築は、大きな費用がかかる点もありますし、加盟店が増えるにつれて費用も増える側面もあります。

そのため、システム費用を加盟店にも負担していただくという考え方で設定されるのがシステム使用料です。

●システム使用料設定のポイント

まず、「システム運営に加盟店1店舗当たりどの程度の費用がかかるのか」について、事前に費用見積りを実施することが必要です。

システム会社への支払いは、本部一括で実施することも多いため、本部への支払いとすることも可能です。

システム使用料の設定のポイントは、次のとおりです。

①　営業戦略をしっかり検討した上で設定する

今後、エリアフランチャイズ等を行う場合、エリアフランチャイズ先と「本部収益を分担するのか」「どのように分担するか」を検討した上で、システム使用料の設定を行うことが重要です。

②　実際に獲得する目標とシステム開発等の費用を試算する

加盟店増加に伴い得られるシステム使用料と開発費用等を試算し、採算の合うものにしなければ開発を実施していくことができません。そのため、事前に、「フランチャイズ開発をどの程度の目標で実施するのか」の売上・利益シミュレーションが必要です。また、現在自社で使用しているシステム費用の算出も重要です。

③　本部収益を得るのか得ないのかを検討する

システム使用料に「本部収益を乗せる必要があるのかないのか」を検討します。本部収益を乗せた場合は、将来的なフランチャイズ本部のシステム開発費用に充てられることになります。固定で得ることが多いため、売上や営業利益とのバランスも非常に重要なものになります。

●テリトリー制のメリット・デメリット

フランチャイズ化を図る上で、テリトリー制の有無は必ず検討すべきものです。特に、店舗型のビジネスでは、お客様に来店していただくビジネスモデルが多いため、各店舗には一定範囲の商圏を設定します。その商圏内に「加盟店や直営店を出店することができるのか」「それとも一定範囲に対して排他的・独占的権利を与えるのか」を決めることです。

排他的独占的権利ですから、設定すれば他に加盟店や直営店を出店できなくなるだけでなく、店舗間の営業地域が重なることもできないことになります。設定するのは、加盟店間の同一看板での競争を防ぐ目的があります。

テリトリー制のメリットは、ある一定の地域に排他的・独占権利を与えるわけですから、少なくとも同じフランチャイズ本部チェーンは同一の商圏内に出店してくることはありません。つまり、同看板での戦いは理論上ないということになります。その結果、加盟店は安心感が増します。

本部としてのメリットは、安心感が増すため、フランチャイズ加盟開発は有利に運ぶことができます。「他社はテリトリー制がない場合もありますが、自社はテリトリー制を設けることで加盟店様の売上・利益をしっかり考えています」ということをアピールすることもできます。

逆にデメリットは、1度加盟店を開店したら、その加盟店の営業努力にかかわらず、その商圏範囲を加盟店に任せるため、営業努力を行わなければ競合店にとられる商圏ができてしまう可能性があります。

また、同じ商圏内によい候補物件が出て来ても、そこに出店ができないことになります。さらに、フランチャイズ本部チェーンとして、当然、出店数に限りが出てきます。これは、本部だけのデメリットのようですが、数はスケールメリットをつくるものでもあるため、今後の原価や仕入低減、物流、広告宣伝等や新商品開発やチェーンとしてのブランドについても限界が出てくることを考えると、加盟店のデメリットにもつながるものです。

テリトリー制は、今後のフランチャイズ開発戦略や経営戦略から決める必要があります。加えて、商圏範囲の正確な把握が必要です。

商圏範囲を２㎞とか４㎞と考えているテリトリー制では、加盟店数も加盟店の売上に与える影響範囲も変わります。

●契約期間の設定のポイント

本部と加盟店との間で契約を行う期間を設定します。契約期間終了後は、そのまま同条件で延長する場合もありますし、再度協議の上、再契約する契約書もあります。いずれにしても契約期間を明示することは重要なことです。

本部は、契約期間が長いほど、加盟店の離脱を防ぐことができます。逆に、短ければ、加盟店との契約関係について協議を実施し、関係を継続するかどうかを検討できます。

加盟店も同様で、契約期間が長ければ長いほど、本部との継続的な関係は維持できる体制ができますが、逆に短いほど本部を見極めることができます。

本部と加盟店のメリットを考えて設定しますが、実際のフランチャイズ本部の状況を見ていると、契約期間としてよくない例もあります。

例えば、「機器のリースを組むことがモデルパターンであるのに対して、リース支払最終月を迎えずに契約が終了するという期間設定」や「投資回収期間がシミュレーション上でも完了する前の契約期間終了」というのも疑問が残ります。

●仕入先の指定について

フランチャイズ本部では、同じチェーンイメージの下に経営を実施することが、お客様に安心感やブランディング、スケールメリットを与える上で重要なポイントとなります。そのため、商品やサービスの品質に影響を与える場合には、仕入先の指定をすることがあります。

例えば、小売業であれば、販売する商品を本部から仕入れるように指定したり、飲食業であれば、料理に使う材料を指定したりします。これは、商品やサービスの品質の標準化の観点や加盟店にスケールメリットの観点からメリットがある場合に行います。

逆に言うと、飲食業でバックルームのプリンターで活用する紙を指定するということは、前述の趣旨と違うということです。

仕入先の指定をする場合は、商品やサービス品質への影響度と加盟店へのメリットの観点から検討することが重要です。

また、何を指定するのかを事前に明確にすることが必要となり、発注方法、納品方法、保管管理の方法等も具体的に決定する必要があります。

仕入先を本部に指定することで、商品や材料販売益がフランチャイズ本部として得られる仕組みを構築できる側面もあるため、メリットの面については充分に吟味が必要となります。

●売上金の送金について

フランチャイズ本部の中には、売上金の送金を求めるところがあります。これは、商品代や原材料費やロイヤリティ等の担保として売上金を本部で預かり、本部で一括支払い等をして、残りをフランチャイズ加盟店に返還するものです。

売上金は、加盟店の売上だけでなく、本部も共同で上げた売上であることから、その管理はお互いの契約書などで明記します。

この場合の注意点は、売上金の送金方法を検討すると共に、売上金の返金の期限は遅くとも翌月末までには実施すべきことです。売上金は、加盟店の経営をする上での原資となるからです。

●開業準備について

フランチャイズ本部は、通常、加盟店に対して開業準備をほとんど全面的に指導します。それは、加盟店がその事業においては素人であるからです。

開業準備の指導は、加盟金で賄われますから、どのようなことを実施するのかを明確にしておきます。

具体的な開業準備の例を次にあげます。

・店舗物件の選定・商圏調査・出店指導・助言

・店舗レイアウトおよび内外装工事・看板工事、機器、機材、備品の選定と助言

・広告宣伝内容の検討・作成、店舗運営に必要な従業員の募集・採用・管理の助言

・開店前の準備確認およびオープンフォロー

●営業日・営業時間について

フランチャイズでは、営業日・営業時間についても統一することが一般的です。しかし、これはあくまでも本部と加盟店の間の取決めになります。

本部によっては、商圏や立地に応じた営業日・営業時間を設けるチェーンもあります。しかし、重要なのは、営業日・営業時間は売上に影響を与えるという点です。ロイヤリティを売上分配方式としている場合、営業時間の短縮や営業日数は本部の収益に影響を与える要因になります。

●競業禁止について

フランチャイズは、本部と加盟店との共同事業になります。そのため、加盟するフランチャイズチェーンと同類の競業を禁止することがあります。

例えば、スポーツジムのフランチャイズ契約を締結した店舗の近くに自社独自でスポーツジムを

開業することを禁じるといったことです。

理由としては、同じ事業ができるということになると、フランチャイズ契約を行った店舗で顧客を集客し、自社独自のスポーツジムに顧客を動かすこともできるからです。

競合禁止については、フランチャイズ契約終了後も一定期間禁止するケースもあります。

フランチャイズ本部として、「競合の禁止を設けるべきか」「契約終了後の措置はどのようにするのか」を決めておく必要があります。

●**費用負担について**

本部と加盟店の役割が明確にするとともに、費用負担を明確にする必要があります。

例えば、物件取得費や家賃、内外装工事・看板費用、機器・備品費用等は、加盟店が負担するのか、本部が負担するのかを明確にします。また、メンテナンスや維持管理費用についても、明確にする必要があります。

開業前、開業中、契約終了後についても、本部と加盟店間の費用負担を明確にする必要があります。

●**価格の指定について**

フランチャイズは、顧客に提供する価格が同じであると思われている方が多いですが、現行のフランチャイズ本部は推奨価格として加盟店に提示しているケースが多い状況です。これは、加盟店に対して価格の強制は困難であるためです。

そのため加盟店は、本部からの推奨価格をもとに、自らの判断で決定しています。

しかし、実際は、ほとんどの加盟店で価格は標準化されています。これは加盟店が、同じ看板の中で価格競争になることは、チェーンとしても自店としてもマイナスであることを理解しているからです。

●加盟店が遵守すべき義務事項について

商標マークの間違った使用方法は、チェーンイメージを崩す要因にもなります。そのため、商標マークの使用方法は詳細に決定する必要があります。

さらに、経営ノウハウの取扱方法や守秘義務についても、あらかじめきちんと決めておく必要があります。

また、その他、加盟店に義務づけたほうがよい事項はないかを検討・明記します。

例えば、事業の許可申請や損害保険の加入義務等です。

直営店に義務づけているものを洗い出すことから遵守事項を決定するとよいでしょう。

●その他の本部収益について

その他、フランチャイズ本部が加盟店から委託され、事業の運営業務を実施する場合があります。

この場合は、業務を委託され、実施することから、業務委託料を設定し、加盟店に負担してもらうことになります。

ここまで、代表的なフランチャイズ基本設計について、項目と設定のポイントを列挙してきました。

いずれにしても、フランチャイズ本部だけでなく、加盟店にも納得性が高い、仕組みの構築が重要となります。

5 モデルシミュレーションの作成方法は

●初期費用の考え方は

フランチャイズ化をするに当たり、開業にかかる初期費用の概算を提示する必要があります。

初期費用とは、開業時にかかる概算見積りです。フランチャイズの事業説明時は、概算の説明になることが多い（物件が確定していないことが多いため）ですが、物件確定後、最終的には正式に見積もりを実施し、加盟希望者に提示し、了承を得ます。

初期費用を検討する前提としては、自社の標準モデルを設定することが必要です。標準モデルは、複数パターン設けることも可能です。例えば、「坪数の大きさに応じて設定する方法」や「現在ある店舗に併設するパターンと専門店のパターン」に応じて設定する方法等、フランチャイズの基本

【図表５　初期費用モデル（○坪モデル）】

加盟初期費用		
加盟費用	項目	金額（単位：千円）
	加盟金	
	研修費	
	保証金（非課税）	
	小計（税抜き）	
	消費税	
	初期加盟費用合計（税込み）	

開業資金目安	項目	金額（単位：千円）
	看板代・外装費用	
	物件取得費	
	前家賃	
	内装費用	
	設備費	
	備品代	
	従業員募集広告費	
	広告宣伝費	
	合計（税抜き）	
	合計（税込み）	

初期費用目安（税込み）	

設計に応じて設定をすることが必要となります。

標準モデルをもとに、図表5を参考に初期費用の検討をするとよいでしょう。

●初期費用に含まれるものは

初期費用には、次のものが含まれます。

①　本部に支払うべき費用

加盟金や研修費、保証金等の事業を始めるに当たり本部へ支払うべき費用です。

②　家賃・物件取得費・内外装工事、機器・備品・初期広告料等の概算

開業物件によりますが、標準パ

【図表6　売上利益シミュレーション（○パターン）】

1. 売上・利益シミュレーション

	項目	金額	売上比
売上	売上（年間月平均）		
原価	原価		
	売上総利益		
販売管理費	家賃		
	人件費		
	水道光熱費		
	広告宣伝費		
	通信費		
	求人広告費		
	リース料		
	消耗品・雑費		
	衛生費用		
	システム使用料		
	原価償却費		
	ロイヤリティ		
	販売管理費合計		
	営業利益		
	原価償却前利益		

2. 初期投資回収明安

初期費用目安	
営業利益目安	
投資回収月数	

ターンとして設定し、提示します。最終的には開業物件確定後、正確な見積書を提示します。

●売上・利益モデルシミュレーションの作成方法

売上・利益モデルシミュレーションとは、加盟希望者に対して提示するフランチャイズ事業の予測される売上や利益のモデルシミュレーションです。

これは、架空の予測数字ではなく、実際の既存事業の実績値を元にした数値でなければなりません。

図表6の売上・利益シミュレーションをもとに、加盟希望者は、

加盟を検討することになるため、重要な損益計算書の資料となります。

売上・利益シミュレーションは、月々の売上、原価、販売管理費、営業利益からなり、月々の全店平均数値で提示する場合や開業から軌道に乗るまでに時間がかかるビジネスモデルのケースでは月々の推移を示す場合もあります。また、店舗数が少ない場合は、すべての実際の既存店の売上利益シミュレーションを提示する場合もあります。

加盟希望者にどのような数値を提示すれば正確な情報の提示になるかを検討して決定します。

この売上・利益シミュレーションは、実は、加盟後、一番本部とのトラブルになる材料でもあります。

それは、開業前に聞いていた売上・利益シミュレーションと実際開業した実績が大幅に乖離をしているという問題です。

実績に基づく数値であれば問題ありませんが、加盟を獲得したい思いから架空の数値や乖離のある数値を提示しては大きな問題に繋がりますので要注意です。

また、売上・利益シミュレーションでは、フランチャイズ本部が徴収するロイヤリティ等の本部へ支払う経費も含める必要があります。

当然、本部への支払いが発生するため、直営店よりも営業利益は低くなる傾向となります。そのため、売上・利益シミュレーションもフランチャイズの基本設計が確定した後に設計することがポイントになります。

6　加盟基準の重要性と設定方法とは

●加盟店の審査基準はなぜ必要か

加盟店の審査基準は、初期段階では深くは検討できないことが多い状況です。それは、初期段階では、加盟開発で新たに新規加盟店を獲得しなければという優先順位が高く、基準を満たしていなくても加盟をさせてしまうというのが実状だからです。

現実的には多少はやむを得ない部分もあるでしょうが、それは危険な行為です。特に、初期段階の加盟店については、本部と一緒に成長していただく候補者でもあるため、フランチャイズ本部としては完璧な体制ができていないときでもあります。それだけに「最初に誰と組むか」は、将来を決めることになる非常に重要な要素だからです。

加盟基準をつくる理由は、自社のフランチャイズ本部を有効活用できるのはいったいどうのような人または会社かを明確にすることでもあります。誰でも活用ができればいいのですが、実際はそうではありません。そのため、フランチャイズ本部としても、フランチャイズ加盟店としても、お互いが幸せになるために、フランチャイズ加盟基準を設定するのです。

どのようなフランチャイズ本部であっても、自社のビジネスモデルだけですべての加盟店を成功に導くことは正直難しいでしょう。そのため、フランチャイズ加盟側の元々持っている力や資源を充分に活用していく必要があります。したがって、事前に加盟審査基準を構築し、それに沿った人や会社と契約を実施していく方向性で進めることが重要なのです。

●加盟審査基準の設定内容は

加盟審査基準の例としては、次のようなものがあります。

○年齢基準。例えばハードな仕事であったとして、年齢的な限界があるとき等。
○加盟時の必要人数基準。１人ではできないビジネスモデル等。
○自己資金基準。実際に事業を開始し運営する際に最低限自己資金としていくらぐらい必要か等。
○過去の経歴基準。過去の同業界での経験や資格などが必要な場合等。
○信用性の基準。過去の金銭的な信用性や経歴や人物像等。
○自社のフランチャイズ本部への適正度等。考え方や志望の動機等。

これらの項目について「どの程度必要なのか」を基準にしたものが加盟基準です。それを実際何で審査や確認するのか（証拠等）を含めて決定します。

当然、すべてを満たしている加盟店は実際には少ない場合もありますので、最低限必要なものと希望上必要なものとにウェート分けすることも必要です。

実際には、加盟者の状況を見ながら、この加盟基準は変更されていくものです。それは初期段階の想定と実際加盟店を獲得し、支援する中での実際の状況に乖離が出る場合があるからです。

しかし、最初に加盟基準を設けないことには、不適格な加盟店を加盟させるだけでなく、最初の段階で必要な既存店の成功に結びつけにくい環境となります。現在のフランチャイズ本部では、実際に、「初期の加盟者をもっと適切な加盟基準をもとに選択をすべきであった」という事例は多数ありますので、簡易的にも加盟審査基準が設けることが必要です。

7　フランチャイズ化に必要な継続的な業態の見直しは

●なぜ継続的に業態の見直しが必要なのか

フランチャイズ本部は、基本的には成功モデルを水平展開することで、成功確率を上げて、開業や新規事業を支援するビジネスモデルです。

そのため、最初立上げの段階では、成功モデルといえると思います。しかし、フランチャイズ本部で展開を行っていると、必ず様々な壁にぶち当たります。既存店の売上が下がる傾向が出てくるような事態が発生し、フランチャイズ本部自体が、新しい加盟店を獲得できるどころか、衰退していくケースが後を絶たないと思います。

よく、フランチャイズに加盟したけれども、フランチャイズ本部が潰れてしまったということがありますが、それは、既存店の売上が上がらなくなってくるからです。なぜ、既存店の売上が下がってくるのでしょうか。これは、様々な理由があります。

フランチャイズ本部として展開をすることになると、急激に出店を加速していくため、お客様の認知も一気に上がることになります。そのため、フランチャイズ本部を構築した段階で成り立っていたビジネスモデルは、お客様だけでなく、競合他社を含めて研究され、よいところは真似されることになります。

フランチャイズの募集サイトを見ればよくわかると思いますが、似たようなビジネスモデルが乱立しています。これだけあれば、他社との優位性など、すぐになくなるものです。しかし、フランチャイズ本部としては、気づかずに同じ成功モデルのまま、展開を進めていきます。これは、実は避けることができない事実です。儲かっているビジネスモデルが、そのままで継続することは困難なのです。

長く続いているフランチャイズ本部は、必ずといっていいほど業態の見直しを行い、その内容をフランチャイズ加盟店に落とし込み、新たなビジネスモデルでさらに展開を図っていっています。

コンビニ業界を見ればよくわかると思いますが、10年ごとに業態の見直しがされているため、40年以上も繁栄が続いているのです。

●業態の見直しは「人による」という考えを捨てることから始まる

多店舗展開の経営者やフランチャイズ本部の経営者は、「人による」や「オーナーによる」と言います。確かに「人」や「オーナー」に起因することは間違いないのですが、それを理由としていては、「業態の見直し」といった発想は生まれてきません。

基本的には、「こういう人や店舗が出てくるのは、仕組みや業態に問題があるのではないか」という発想で考えていくことが重要です。なぜなら、業態の見直しには、一番初めに「業態を見直さないといけない」という気づきが必要であるからです。

特に、不振店や売上が上がらない店舗、撤退していった店舗、フランチャイズ契約を更新しない店舗等から、「なぜ、そうなったのか」を考えることが必要なのです。その起点がないと、なかなか業態の見直しという発想にはならないものです。

業態の見直しは、小さいエラーの情報をきっかけにするか、定期的に実施しない限り、気づいたときには、大幅な見直しをしないとどうしようもなくなるという事態に陥ります。それだけジワジワと効いてくるものなのです。時代の変化に応じて、業態の見直しは、必ず実施すべきものです。

●業態の見直しをする2つの視点

業態の見直しを実施する視点は複数ありますが、ここでは最低限抑えておきたい2つのポイントを紹介します。

1つ目は、売上＝客数×客単価の視点です。

売上＝客数（新規客＋リピーター客）×客単価（買上点数×1点当たり単価）

数値上で、どこが売上が悪化している要因なのかを特定する必要があります。そのためには、既存店の数値分析が必要となります。

新規客が減少しているのであれば、新規客増加のための戦略が業態の見直し戦略となります。数値分析の結果により、何を改善するのかが変わるのです。

２つ目は、売上の上乗せでなければ業態の見直しは意味がありません。そのためには、次の２つの視点で検討します。

１つ目は、「新しい客層を呼ぶことができないか」という視点です。

例えば、30歳～40歳の女性がメインターゲットだったのであれば、50歳以上の女性を来店させる商品や業態はどのようにすればよいかを検討します。年齢だけでなく、所得層や性別や嗜好等の幅を広げるということです。

２つ目は、「新しいニーズをとらえることができないか」という視点です。これは、既存のお客様に対して新しいニーズに応えることができないかという視点となります。

例えば、整骨院が店舗の横にスポーツジムを設けたとします。整骨院は、今の痛みの改善になりますが、そのお客様は、痛みを予防するニーズもあるのです。痛みの多くの原因は、筋力の低下ということを考えると、スポーツジムを通して筋力をつけることで、予防のニーズをとらえるということになります。これが新しいニーズをとらえるということになるのです。

この２つの視点は、基本的なことですが、非常に重要な視点となります。実践されることを期待します。

●業態の見直しを実施するタイミング

業態の見直しは、フランチャイズ化を実施し、加盟店開発を実施していると、多店舗化をすることでフランチャイズ本部は売上が上がっており、タイミングを見逃すことが散見されます。業態の見直しは、軽微な変更であれば、短期間で実施も可能ですが、業態のコンセプト変更ということになれば、期間を要します。そのため、早いタイミングから準備を始めることが重要となります。

① 既存店の売上が上がりにくい環境になればすぐに検討を実施する

既存店の売上要因は、当然、業態だけでなく、加盟店の経営努力や資質も含めて存在しますが、複数店舗の加盟店の既存店の売上が上がらない要因が発生すれば、原因究明が必要となります。前述のとおり、「人の要因」と考えるだけでなく、「業態に問題がないのか」という視点で検討することが必要です。業態に限界がきているということであれば見直しを実施します。

② 成長期に入った段階で加盟店開発と並行して検討を実施する

市場の成長期に入れば、加盟店の開発を促進し、拡大路線を図りますが、並行して、市場が成熟化をすることも想定に入れて検討を始めることが必要です。類似業態や競合も参入するため、このタイミングで今後の差別化戦略を図るための業態の見直しを実施しておくことが必要となります。他社よりも早く着手することで、成熟期に対応が可能となります。

業態の見直しで重要なことは、タイミングを逃がさないことです。売上が厳しくなったタイミングでの見直しは、充分な期間や資金がなく、有効な手段が取れないことも多いものです。

第4章　フランチャイズ基礎固めで押えるべき6つのポイント

1　初期研修制度構築のポイントは

●フランチャイズ本部が行う研修とは

フランチャイズ加盟店は、加盟した段階では、そのビジネスモデルの素人です。そのため、研修という形を用いて、フランチャイズの加盟店に対して教育していきます。

①　初期研修

フランチャイズ本部が、フランチャイズ加盟店が加盟した段階で行う研修です。ビジネスモデルの経営ノウハウ研修を加盟店に対して実施します。初期研修は、フランチャイズ加盟店が、最低限開業できるレベルまで引き上げることが目的となります。

②　追加研修

初期研修で不合格となった場合などに行う研修で、不合格となった部分の補習や加盟店の弱い部分を補うための研修を実施します。初期研修のフォロー研修となります。

③　定期研修

定期研修は、継続的な技術の習得であったり、加盟者の意思統一やフランチャイズ本部の経営方針や経営戦略などを直に伝える場であったり、加盟店の啓蒙活動などにも使われています。

優秀な加盟店を育成するためには、初期研修だけでは不足する場合が多く、毎回テーマ等を決めて定期的に研修を実施し、既存店の活性化を図っていきます。

④　オプション研修

新たな商品開発やサービス開発を実施した際の研修やレベルアップの研修等が実施されます。

●研修設計で重要なことは

研修設計を行う上で重要なことは、仕組みもそうですが、具体的な中身です。そのためには、必ず次のことを明確にしておかなければなりません。

①　目的は何か

初期研修をどのような目的で実施するのかを事前に明確にしておかなければなりません。ＳＶ活動で行うのと全く同じ内容では、研修の意味がなくなります。研修を行うことでしか得られないメリットを中心に、目的を明確にする必要があります。

②　具体的な中身とスケジュール

目的に応じた中身の内容設計とスケジュールが必要になります。型がないと研修の中身が人により変わることになるため、必ず設計することが必要です。また、研修で使うテキストや研修実施担当者も明確にすることが必要です。

１回の研修の中身をどれだけ濃くしても、相手側の理解はそこまで進まないものです。継続して研修を実施することで、初めて効果が出てきます。そのため定期研修が初期研修よりも中身を含めて非常に重要な要素となります。

2 出店体制構築の重要な視点は

●フランチャイズ本部での出店体制の構築が重要な理由

フランチャイズ本部では、加盟店の出店に携わることが多く、加盟店は出店に関しては素人です。そのため、フランチャイズ本部の指導により、物件の選定や出店の可否判断を実施することが多いのが実態です。したがって、フランチャイズ化を図るに当たり、出店体制の構築が必要となります。

残念なことに、現在のフランチャイズ本部では、この出店体制のロジックの弱さが散見されます。出店は、加盟店の成功の大きな売上要素であるため、充分に既存店の成功要因を分析した出店体制を構築することが重要となります。

出店の可否判断は、商圏と立地と導線の3つの視点で総合的に行います。完璧な店舗物件は空いていないことや賃料が高い傾向が強いですが、出店体制を構築することで、最低限必要な条件や複数ある物件の中からよりよい物件を選定をすることは可能となります。

●商圏範囲と商圏調査の重要性

商圏調査とは、店舗から半径1㎞や2㎞の円を描いて、人口や世帯数、男女比、所得等を計算し、

【図表７　商圏調査】

項目	内容	調査資料
人口動態	人口、世帯数、世帯人数、年齢別、人口増減、昼夜間人口、事業所・従業員数等	国勢調査 経済センサス
生活感	所得、家計品目別支出、業種年間支出等	家計調査、消費調査、現場調査等
街の形成度	小売業年間販売金額、小売店舗数、飲食店舗数等	商業統計
競合特性	競合調査参照	競合調査参照
自然環境特性	自然環境による地域の生活感等	地元HP、現場調査
歴史・慣習	地域の歴史観・慣習・催事等	地元HP、現場調査
商圏状況	商圏バリア、商圏顔向き	現場調査

出店可能なマーケットであるかどうかを検討するデータ情報として活用します（図表７参照）。

①　商圏範囲は業種や扱う商品や規模によって変わる

商圏範囲は、業種や規模、扱う商品によって変わります。また、立地によっても変わります。

例えば、住宅立地。扱う商品は一般的な日用品だとします。それであれば、わざわざ遠くから来店することは少ないでしょう。徒歩で来店される可能性が高いのであれは、半径５００ｍ～１㎞が商圏ということになるでしょう。

それに対して、温泉旅館は、観光客がメインということになります。

つまり、商品と商圏は連動しているということです。これを考慮に入れて商圏調査が必要です。

②　商圏は円ではない

商圏は円で設定することが多いですが、これは大きな数値を把握する上でも重要です。しかし、実際には、人の動きを考慮した「実質商圏」の把握が重要です。

【図表8　商圏バリアとは】

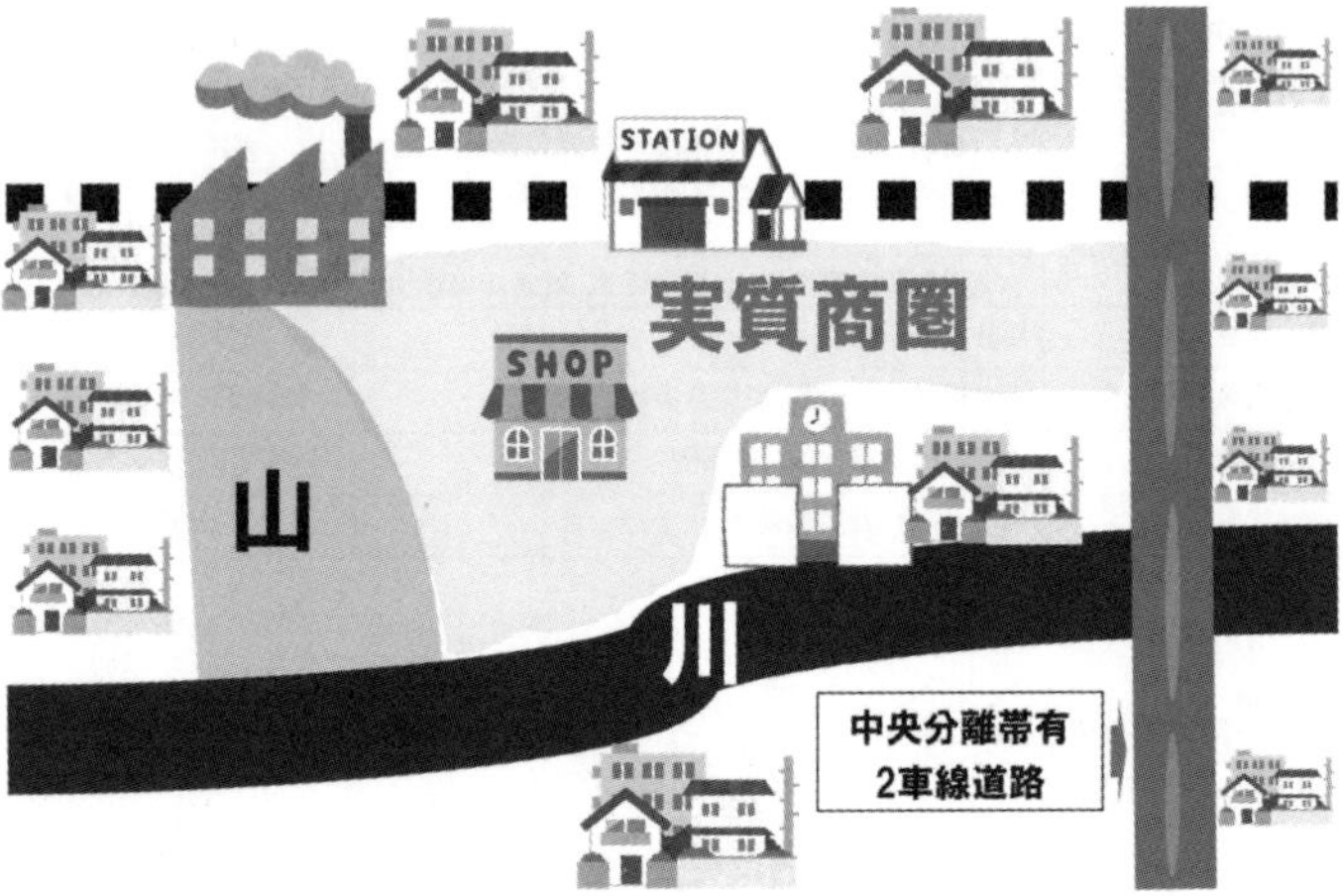

これは、円にはなりません。道路や地形に沿った変形の形になります。

例えば、自店の商圏内に小さな山があるとします。商圏範囲に山の反対側の住宅が含まれているからといって、その住宅は果して自店のターゲットになるでしょうか。

自店の商品やサービスが差別化されていれば、来店していただける可能性もありますが、お客様として来店する上での障害は大きいものとなります。これを商圏バリアと呼んでいます（図表8参照）。

商圏範囲の中では、この商圏バリアの影響度を検討しなければなりません。自店に来店していただけない可能性が高い場合には、その人口や従業員数などはあてにはできないということになります。

商圏バリアには、その他、河川や線路、中央分離帯ありの2車線道路、大きな工場や学校等があります。

③　よい商圏は人口が多いだけでは判断できない

商圏は、人口が多いところがよいと判断されがちですが、実際は田舎の店舗のほうが売上が高いことがあります。これは競合が少ないことが大きな要件です。商圏マーケットの把握においては、この点も考慮にしなければならないことです。

同じ商圏内に競合が多ければ、当然、売上を分けてしまうことになります。人口から競合の数で割って自店に来店する可能性が高い人口がどれくらいかを考えないと、実質の商圏人口は把握できません。

●立地調査とは

店舗の立地調査とは、店舗物件の視認性や侵入性、回遊性を調査するものです。

①　視認性とは

店舗の視認性とは、店舗物件が実際にお客様から通る導線から認知できるかどうかという視点から判断します。

店舗は、３６５日、24時間ずっと広告宣伝をし続ける一番の広告塔です。徒歩客からは店舗物件から10ｍほど引いて認知できればよいですが、車客からは１００ｍ手前から認知できることが理想です。

また、お客様が別施設の利用の際に併せて利用いただけるようなビジネスモデルの場合は、当然、別施設の出口から見えるかどうかが重要となります。これが視認性調査です。

② 侵入性とは

侵入性とは、お客様が店舗に入店しやすいかどうかです。車で来店される場合は、駐車場の侵入口の箇所数や広さ、段差、駐車場と隣接する歩道の広さ等がチェックポイントになります。徒歩で来店される場合には、店舗入口の広さとなります。通常は2m以上が理想です。

③ 回遊性とは

回遊性とは、端的には店舗駐車場の車の止めやすさです。駐車場が狭いと車が駐車しにくく、運転に馴れていないお客様であると、敬遠されがちになります。そのため、駐車場の間隔や止めやすさを調査することになります。

●導線調査とは

導線調査とは、「お客様が目的を達成するためにどのようなルートを使っているか」のチェックです。

例えば、スーパーを出店したいとします。お客様となり得る可能性がある方が、通勤で駅を活用しており、そのお客様の通勤の帰りに立ち寄ってもらいたいとします。

そうすると、そのお客様がどのルートを使って自宅まで帰宅しているかを知り、そのルートに出店をすれば来店していただける可能性が高いという考え方です。

そのルートを知ることが導線調査となります。導線調査は、現在の技術では現場で実際に調査をする方法が主力となります。

① 導線調査にはお客様が集まる重要施設の特定が必要

人間の行動には、出発点と目的点があります。前述のスーパーの例では、出発点は駅であり、目的点は自宅ということになります。お客様が集まっている場所は、自宅ではなく駅ですから、お客様が集まる重要施設は、駅です。この駅の集客力が導線に大きな影響を与えることになります。その他、大型商業施設や百貨店やGMS、大型レジャー施設、宿泊施設等が重要施設に当てはまります。

② 重要施設からの導線の強さを計測する交通量や通行量調査

重要施設からの人の流れを計測するには、交通量や通行量調査を実施します。通行量や交通量が多いほど、売上が高まる可能性があります。そのため、実際に計測を実施しますが、最低でも平日2回、週末1回程度実施することが重要です。また、ピーク時間帯の把握も重要となります。

3　出店基準表の作成ポイント

●出店基準表を作成するポイント

商圏調査、立地調査、導線調査をもとに、出店の可否判断を実施するものが出店基準表となります。

【図表9　出店基準表例】

項目		評価基準	○△×	絶対条件	コメント・対策
商圏評価	商圏人口等	《人口》都市型：半径2.5km。 ○：25万人以上　△：25万人未満～20万人以上 ×：20万人未満			
		第1次商圏人口			
		《40歳以上年齢別人口》：半径2.5km ○：10万人以上　△：10万人未満～7万人以上 ×：7万人未満			
		第1次商圏世帯数			
		《従業員数》：半径2.5km ○：20万人以上　△：20万人未満～13万人以上 ×：13万人未満		○	
		第1次商圏世帯数			
		《小売業販売金額1kmメッシュ》：半径2.5km ○：400,000万円以上　△：400,000万円未満～200,000万円以上　×：200,000万円未満			
		第1次商圏小売業販売金額			
	商圏の質	□商業性（子供～お年寄りまで）□観光性（旅行客） □オフィス性（会社員メイン）□フィジカル性（作業服が目立つ） □学生性（学生） ☆評価基準　○：良い　△：普通　×：悪い		○	
		《スピード》□徒歩（□速い　□普通　□遅い） ☆評価基準　○：良い　△：普通　×：悪い			
	競合	同一商圏で同一競合が存在するか？ ☆評価基準　○：1店～3店舗競合あり　△：4店舗～9店舗 ×：競合なしor10店舗以上		○	
	来店阻害要因	臭い（内容：　　　　　）			
		風俗店などの嫌悪施設がないか？		○	

出店基準を作成するためには、既存店の調査が前提となります。図表9のように既存店の商圏、立地、導線の調査項目を実際に確認し、既存店の売上と照らし合せて基準を作成し、出店基準表を作成します。

例えば、3店舗の既存店があり、それぞれの売上が500万円、400万円、300万円であるとします。

500万円店の商圏範囲半径2km圏内人口は10万人、400万円店のそれは8万人、300万円店のそれは5万人であるとして、400万円が加盟店の売上・利益シュミレーション上最低限必要な売上金額であるとすれば、出店基準表は半径２㎞で８万人が必要ということになります。

もっとも、これは、既存３店舗でのあくまでもデータであるため、最終的な判断には改善の余地があります。とくに店舗数が増加したことにより、既存データに変動が生じていないか再度調査をして出店基準表の見直しをすることが必要なのです。

出店基準表の見直しを実施することより、加盟店を開店すればするほど、精度の高い出店ができるようになります。どのような場所に出店すれば売上が上がるのか加盟店は理解していないことが多く、出店に関しては本部の指導や助言が大きな要素となります。

最終的には、フランチャイズ本部からの助言を受けて、加盟店が自らの意思で決定しますが、フランチャイズ本部として体制構築が重要なものであることは変わりはありません。

4　フランチャイズ本部に必要な供給体制の構築

●なぜ供給体制が必要なのか

フランチャイズ本部は、加盟店へ商品を供給やサービスを提供するために必要な材料等を指定して卸す場合が多いものです。これは、同一のイメージの観点から、同じ商品やサービスを提供するために品質に影響を与える商品や原材料等については、本部から商品や材料を指定または仕入を行うことで標準化を図る目的で実施されています。自由に購入してもよいというフランチャイズもありますが、すべての商品や材料について加盟店にお任せしますという形は少ないのが実状です。

これは、加盟店にとっても、安定した商品や材料を仕入れることができるという意味で、メリットがあることです。

しかし、逆に本部としては、加盟店が欲しい際に、欲しい分だけを供給する義務があります。商品や材料の欠品は、売上に影響を与えるからです。

売上は、加盟店と本部との共同作業が基本原則ですから、商品や材料が欠品するということは、相手先の売上を落とす行為となってしまいます。そのため供給体制の構築が必要なのです。

●どのような供給体制を整備する必要があるのか

フランチャイズ化する際に必要なことは、商品や材料そのものの供給体制の検討です。

①　供給体制

フランチャイズ本部内で商品を製造して加盟店に卸すパターンについては、セントラルキッチンや工場の供給体制を構築する必要があります。

そのため、「どれくらいの量」を「どのくらいのリードタイム」で製造できるのかという点について事前に調査をし、供給能力を確認します。また、製造する上で重要な原材料の調達体制も充分に確認しなければなりません。この調達や供給体制の能力を確認しておかないと、加盟店を出店するタイミングで、「どの程度の店舗までカバーできるのか」把握できないまま加盟店開発が進むことになります。

また、「どの程度加盟店が増えたら、供給体制の増設を実施していかないといけないとのか」もしっかり戦略を練っておく必要があります。

一方、原材料等を卸やメーカーから仕入れてそのまま加盟店に供給する場合であれば、相手先の供給能力をしっかり確認しておく必要があります。

② 物流体制

次に検討するのが、物流体制です。「商品や原材料をどのように加盟店に供給するか」という視点です。

物流費用についても、通常は原材料や商品の仕入価格に反映させることがあるため、金額も含めて詳細を確認する必要があります。これは実は出店戦略にもかかわることになります。

現在では、多くの企業が活用する「ドミナント戦略」も、物流の効率化のために大きな貢献をしています。ドミナント戦略とは、同じ地域に集中出店することで、物流を効率化させ、原価低減や配送頻度や期間の向上を図る手法です。特に小さな会社がフランチャイズ化するには最適の手法といえるでしょう。

いきなり全国で加盟店募集を実施する形を取れば、加盟店の原価アップに繋がる結果となります。小さな会社が供給体制を構築するには、最初から体制を完全に構築するのではなく、「加盟店の獲得目標」「出店戦略」を明確にし、課題を把握した上で、「加盟店の増加」に従い、解決していくことが重要です。それ以上に「今できることは何か」に合せた加盟店開発や出店戦略を組むことのほうが重要なのです。

5 ステージに合せて構築する情報システム体制

●フランチャイズ本部で必要とされる情報システム体制

フランチャイズは、本部と加盟店が共存共栄の関係であるところから、収益についても分配を行う形が一般的です。ロイヤリティは売上の○％等という形で加盟店から分配を受け、本部の収益とするのであれば、まずは売上を正確に本部が把握することが必要になります。

現在は、ＰＯＳシステムが非常に優れており、リアルタイムに売上を計算することができる時代です。この情報は、当然、本部でも把握でき、ロイヤリティ等本部の収益を確定させ、加盟店に請求を行うことにつなげられるほか、売上・利益改善に向けてのベースとしても活用されます。

というのも、本部では、加盟店に対してスーパーバイジングと呼ばれる定期的な指導や相談を行います。これは、加盟店の売上改善だけでなく、利益改善の視点としても非常に重要な本部の役割です。加盟店の経営数字にどこに問題があるのかも把握していないのでは、本来の意味でのスーパーバイジングは困難になります。そこで、その情報を把握するための手段が、情報システムということになるのです。

情報システムは整備をしていけば、売上改善だけでなく、商品開発の改善に繋げることもできますし、数字から読み取れる加盟店の課題も抽出することもできます。つまり、フランチャイズ本部にとって情報システムは生命線ともいえます。

●どこまでの情報システムを整備すればよいのか

ここで問題になるが、どこまでの情報システムを整備すればよいのかです。情報システムは、整備をすればするほど、非常に高い費用を必要とします。初期段階のフランチャイズ本部は、そのような投資はなかなかしにくいものです。結論としては、最低限どれが必要かという発想になります。

フランチャイズ本部が成長すればするほど、情報システムにも予算を取り、改善を図ることで、スーパーバイジングの質を改善することになります。そこで、最初に考えたいのは、本部が最低限の情報として必要なものは何かということになります。最低限必要な情報は、本部と加盟店の収益を分配するための情報です。

ロイヤリティを売上分配するには、最低限の売上が必要です。ロイヤリティを荒利分配するには売上のほか、正確な原価の把握が必要です。しかし、ロイヤリティが固定であれば、本部と加盟店との分配という視点では、情報の把握が必要なくなるということになります。つまり、本部収益を確定するのに何が必要であるかを最初に抽出することが重要なのです。

次に重要なことは、スーパーバイジングで活用する情報ということになります。これも情報が多ければ多いほど、様々な助言ができるようになりますが、費用がかかります。

そこで、本部として売上を上げる最低限必要な成功モデルを実現するためのＫＰＩを設定する必要があります。それを事前に把握できたほうがよいのか、臨店時に把握できればよいのかによっても必要なものが変わってきます。まずは、必要な情報を抽出することが重要です。

情報システムに関しては、フランチャイズ本部のステージに合せて充実させることが重要です。

6 フランチャイズ本部に必要な公平性を保つための監視体制

●加盟店で実際発生している問題とは

フランチャイズはトラブルが多いというようなイメージが昨今増加しています。フランチャイズ化を図る際に企業の経営者が躊躇される理由がトラブルです。実際のフランチャイズの現場では、様々なトラブルが発生しています。それはフランチャイズ本部に起因するものもあれば、加盟店に起因するものもあります。重要なことは、フランチャイズの基本設計をする際に今後発生する可能性のあるトラブルについても充分検討して構築することです。

加盟店に起因する問題としては、例えば次のようなものが発生しています。

・売上の虚偽報告

・売上送金の義務があるにもかかわらず遅延や送金を行わないこと
・在庫の不正
・仕入先の指定を実施しているにもかかわらず別の仕入先からの仕入を実施している
・守秘義務があるにもかかわらずノウハウの流出
・営業時間や営業日を指定しているにもかかわらず遵守しない
・商品やサービスの提供状況が悪い

これらは、加盟店が拡大すればするほど、多く発生してくるものです。

しかし、実際の現場では、全体の数に対しては数パーセントの世界であることも事実です。前向きに、かつ契約を遵守する加盟店が大多数でもあるからです。

フランチャイズ本部として問題があるのは、数パーセントの加盟店が発生させる問題を「放置する」ことで、大多数の前向きで契約を遵守する加盟店との公平性が保てなくなりことです。加盟店の公平性を保てない状態では、チェーンが崩壊する要因にも繋がります。

そのため、本部は、「性善説」で考えるのではなく、充分な加盟店の監視体制を構築する必要があります。

●どのような監視体制が必要なのか

監視体制としては、次のようなものが考えられます。

① フランチャイズ加盟基本契約書の作成時に問題を想定して作成する

例えば、売上金の送金を義務づける場合であれば、売上金を「いつ」「どのような方法」で送金するかを明記しますが、それを実施しなかった場合は「どのようなペナルティーがあるのか」まで明記する必要があります。

契約書は、問題発生時の措置を取る意味もありますが、加盟店へのけん制の意味もあります。

② スーパーバイザー体制で監視する

スーパーバイザーは、臨店等を通じて指導を実施しますが、指導だけでなく、監視を行う役目もあります。

加盟店が問題を発生させるのはどのような項目があるのかを事前に検討した上で、スーパーバイザー業務に折り込み、定期的に確認を実施することが必要です。

③ 情報システムで監視する

情報システムで監視することも重要です。

例えば、売上から考えると原価が他の店舗と比較して「低くなっていないか」や原材料の仕入に対して、他の店舗と比較して「売上が低くなっていないか」等、データで異常値を確認することも重要です。

本部として大きくなっていない段階では、情報システムが充分でなく、現場での数値確認が重要となります。そのためには、小さな会社ほどスーパーバイザー体制が重要となります。

第5章

フランチャイズ加盟開発で押えるべき8つのポイント

1　フランチャイズの加盟開発の流れは

●加盟開発の流れを理解する

フランチャイズの加盟開発は、事業を提案するものであり、比較的コンサルティング営業に近いものがあります。加盟の見込者を発掘し、事業を提案し、個別の折衝を実施し、契約に繋げていくことが仕事の中身となります。

加盟店開発の標準的な流れは、次の事項をもとに設計するとよいでしょう。

●見込客の発掘

加盟開発で一番困難なことは、加盟見込客を発掘することです。具体的には、「フランチャイズ募集サイト」や「雑誌」「新聞」「ネット広告」「紹介」「知合いやお客様へのアプローチ」「展示会」等の方法で加盟する見込客を発掘します。

見込客は、「開業をしたい」「新規事業を行いたい」「物件の有効活用をしたい」等の悩みを抱えています。これらの悩み解決をするためには、ネットで調査するケースが多く、ネットを活用した見込客発掘が主力となっています。

加盟見込者は、加盟見込客集客媒体を活用し、興味があるものについて資料請求や事業説明会、本部への問合せを行い、情報を収集しています。まずはこの見込客発掘方法を検討することが重要となります。

●資料請求から事業説明会への誘引

加盟見込客からの資料請求や問合せがあった場合は、資料を送付するだけでなく、その後の事業説明会への参加を誘引することが重要です。

そのためには、資料請求後のアフターフォローが重要となります。まず、資料請求があった場合には、メールまたは電話でお礼の言葉を伝えた上で、資料を送付し、その1週間後には「資料に不明な点はなかったか」「事業説明会の案内」を行い、事業説明会への誘引を展開します。

資料請求者には、単に情報収集だけのケースも多数存在します。しかし、その見込客についても、将来の重要見込客になるケースも多いため、事業説明会へ誘引できなくても、メールで情報提供を実施する等の継続したアフターフォローを欠かさないようにします。

●事業説明会の開催

小さな会社が事業説明会を開催しても、最初は人数が集まらないことが多いものです。その場合は、説明会を個別商談に切り替えます。

なお、事業説明会では、事業の魅力を伝えると共にアンケートを収集し、加盟見込者の見込度を判定する必要があります。見込度については、A・B・Cで判定し、見込度に応じたアフターフォローを実施しましょう。

① 見込度Aの場合

個人であれば「独立開業したいと考え会社を辞めている」、法人であれば「1年以内に新規事業を立ち上げたい」というレベルです。

見込度が高く、次回のアポイントを取ることが重要となります。

② 見込度Bの場合

個人であれば「近い将来に独立開業を考えている」、法人であれば「近い将来に新規事業を探している」というレベルです。

情報収集段階であるため、成約には至りませんが、フォローが必要な層です。継続的なコンタクトが重要です。どの時期に「本格的に検討するのか」をヒアリングし、それまでの間はメール等での情報を提供し、アフターフォローを実施することが必要です。

③ 見込度Cの場合

自社の事業に興味がないか、独立や新規事業を将来的に検討しているレベルです。

事業説明程度で終了し、営業の手間を取られないようにすることが重要です。将来的な見込客になるため、その後、情報を継続的に提供することを伝え、顧客リストに落とし込み、メール等で継続的に情報を提供しましょう。

●個別商談

個別商談の目的は、加盟希望者の詳細情報の収集と購買阻害要因の除去と加盟契約の締結です。

①　アイスブレイク

先日の事業説明会のお礼を行い、事業説明会時やその後の電話フォロー時に聴いた加盟見込客が抱えている課題に関して回答を行います。

また、この段階で直営店や加盟店の見学を個別商談設定の理由にすることも有効となります。

②　現在の加盟の意思確認と購買阻害要因の確認

現在の段階での加盟の意思確認を実施します。また、加盟の意思を確認し、契約を行う上で何が課題となっているのかをヒアリングし、購買阻害要因の除去をすることが重要です。

●情報開示書面の提示

加盟の意思を表明された場合には、この段階で出せる見積概算等を提示します。また、フランチャイズ加盟契約に関するフランチャイズ本部の基本情報を明記した「情報開示書面」の説明を実施し、本部の経営内容や経営方針、契約の概略を理解していただきます。

●加盟審査

加盟意思が確定した段階で、本部では加盟審査を実施します。初期の段階では、経営者が加盟開発を担うため、加盟審査は開発の営業段階で実施しているため問題がありませんが、加盟開発担当者を設ける場合には、加盟者と本部の審査担当者（初期の段階は経営者が実施）が加盟面談を実施し、加盟者とフランチャイズ加盟契約を締結することが可能か判断します。

●加盟契約の実施

加盟者とフランチャイズ加盟基本契約書を締結します。

2　フランチャイズ加盟希望者の加盟開発の種類と方法

●フランチャイズ加盟希望者の発掘方法

フランチャイズ加盟開発では、加盟見込客の発掘が非常に重要でかつ一番困難な点となります。ここでは、前項と重複する部分もありますが、加盟者希望者の見込客発掘方法について述べていきます。

●フランチャイズ加盟募集サイト

インターネットで「フランチャイズ　加盟募集」等で検索をすると、上位にはフランチャイズ加盟募集サイトがヒットします。フランチャイズ加盟募集サイトとは、フランチャイズ本部を集めたポータルサイトです。

加盟希望者としては、フランチャイズ本部情報を横比較することが容易なため、アクセスも非常に多いのが特徴です。しかし、比較的大きな費用もかかるため、費用対効果も考えて、フランチャイズ本部の段階に応じて活用することが重要です。なお、加盟店募集サイトは、すべて有料掲載となります。

●Google や Facebook のネット広告

加盟希望者は、フランチャイズを探す際に、ネットで情報を収集する傾向が強い状況です。しかし、ネット広告は、毎年料金が上がっています。それでもという場合は、効果の高い内容を配信できるように、常にターゲットと掲載内容、配信方法に工夫が必要です。毎回、広告の内容とコストを検証することが重要です。なお、ネット広告は、月ごとの予算や配信エリア等の詳細設定ができます。

ところで、弊社のクライアント１件当たりの平均資料請求獲得コストは、１万円～１万5,000円です。広告コストとの比較参考値としてください。

いずれにしてもそれなりの費用がかかりますから、最初は小さくテストマーケティングを繰り返して、成果が出る方法を構築し、効果的に予算を集中することが重要です。また、１度閲覧した加盟希望者に継続的に広告を配信するリマーケティング広告も必要となります。

●開発専門業者への依頼

フランチャイズ開発専門業者へ依頼する方法もあります。開発専門業者は様々で、固定で費用が発生する業者から、成果報酬の業者まであります。

通常は、セミナーや説明会などに誘引して費用が発生する見込客誘引の成果報酬型やフランチャイズ加盟契約に応じた完全成果報酬型や定期的に毎月費用がかかる定期報酬型があります。

開発業者を利用する際は、「どのような報酬条件体系なのか」「加盟開発業者の開発方法」を検討する必要があります。

なお、開発業者へ依頼する場合には、加盟希望者の最終面談と契約事項の説明は、自社で実施することが必要です。というのは、加盟開発業者は加盟店開発を実施することで報酬を得るため、加盟契約に不適切な加盟希望者と契約に至るケースもあり、後々トラブル処理を本部が負う可能性が高いためです。

●紹介や既存事業のお客様

人脈を活用し、事業説明会に紹介をいただく方法もあります。開業や新規事業の相談は、様々なところに実施されています。

例えば、次のような専門家です。行政書士、税理士、公認会計士、社会保険労務士には、開業や新規事業の相談は多数寄せられています。それを利用するのです。

無料というわけにはいきませんから、加盟開発業者と同じく、成果報酬型で紹介料として加盟金の一部を報酬とする契約で進めるとよいでしょう。また、異業種交流会等で、新規事業の紹介をしていただくといった方法も活用できます。

既存の事業のお客様もターゲットとなります。お客様は、事業の商品やサービスのファンであり、自身で事業をやってみたいというニーズがあるということは、一般の方にも支持されやすいビジネスモデルであるともいえます。

加盟店募集ポスター等で告知することが重要です。

●展示会への参加

展示会は、新聞社や各フランチャイズ募集サイト主催等多数開催されています。その手の展示会には、独立希望者や新規事業を探している法人等が多数来場されるため、見込客の発掘はしやすいというメリットがあります。

加盟希望者も、複数のフランチャイズ本部の情報が効率的に収集しやすいため、多数来場されています。

しかし、フランチャイズ本部としては、比較検討の結果、自社を選んでもらいやすいというメリットがありますが、実績面で見劣りする場合は逆差別化される結果となります。また、情報収集程度の加盟希望者も多く、契約確率は低くなることが多いものです。

したがって、展示会は、そこで事業説明会を実施するのではなく、単なる見込客の収集の場と捉えて、その後の事業説明会への誘引を目的として取り組むのがベターでしょう。

●専門家とのコラボレーションセミナーの開催

前段は開業やフランチャイズ専門家から「開業セミナー」「新規事業セミナー」等をやってもらい、後段でフランチャイズ本部の事業説明会するという方法もあります。専門家からの開業や新規事業に関するノウハウ提供が魅力となり、集客はしやすいのがメリットです。

しかし、専門家への謝金が発生する場合や集客に関してはフランチャイズ本部が単独で実施しなければならないケースもあります。

また、専門家の情報発信内容とフランチャイズ本部の事業の擦り合わせをしておかなければ、専門家の発信内容によっては、加盟店開発に不利になる場合があります。

もちろん、専門家には、フランチャイズ本部と一緒になって集客してもらえるように働きかけることも重要なポイントです。

●雑誌・新聞等の活用

雑誌や新聞等の広告を活用することも可能です。加盟見込者の業種がある一定の方向をターゲットとしている場合には、有効な場合も多いものです。

3　ステージに合わせて加盟開発戦略を変えること（ステージ別開発戦略）

●本部のステージに合せた加盟店開発戦略がなぜ必要か

加盟店募集は、新規事業や独立開業という大規模で高額な取引となるため、攻めのセールスだけでは成約には至りません。そのため、見込客を効率的に発掘し、説明会に誘引し、説明会から個別商談につなげることで募集・契約を進めていく必要があります。

しかし、初期段階や小さな会社のフランチャイズ募集では、加盟店舗の実績数や本部自体の経営基盤の問題等もあるため、他の本部と軽々に横比較される場で加盟店の募集を実施すると、費用対効果の面が悪く、継続した加盟店開発ができないことも多いものです。

重要なことは、フランチャイズ募集の段階に合わせた加盟店募集方法を選択することなのです。

●本部初期段階の加盟店開発

本部の初期段階では、現在までの弊社での支援結果からいえるのは、既存事業のお客様へのアプローチや紹介、加盟店開発業者の利用、ネット広告の利用が効果的だということです。

既存事業のお客様は、もともと自社との関係が構築されており、話をスムーズに聞いてもらえる点が有利です。また、紹介や加盟店開発業者は、紹介者や業者の信用で加盟店開発を進めることができるため、加盟店舗数や経営基盤等の実績面をカバーすることができるのです。

しかし、既存事業のお客様や紹介だけでは全体へのアプローチは弱く、本部としても広告投資をすることが必要です。そこで利用していただきたいのが、繰返しになりますがネット広告です。

ネット広告では、「フランチャイズ　加盟募集」等の大きなワードでは、フランチャイズ募集サイト等も広告配信を実施しているため、広告コストが高くなりますが、業界に特化した内容（「スポーツジム　フランチャイズ」や独立開業や新規事業に関する悩みに焦点を当てたキーワード（「スポーツジム　独立開業」）等で他社が出していないキーワードでボリュームがあるものを抽出して広告配信すると効果が高くなります。

また、フェイスブック等でターゲットや地域、年齢層等を絞り込み、加盟希望者に興味を持ってもらえるような配信記事として広告配信するのも有効な手段です。

ネット広告での配信は、直接自社の加盟店募集のホームページに誘引できるため、他社と横比較がされにくく、初期段階の加盟募集に適しているといえます。

●中期段階移行の加盟開発戦略

本部は、加盟出店数と実績が伴うにつれて、さらなる広告投資予算の投入が可能となります。その際に、「フランチャイズ加盟募集サイト」や「展示会」等で告知をすることが有効となります。

この段階では、実績面も充分にあるため、加盟開発コストも低くなるケースが多く、広告効果が高まります。初期段階の加盟募集方法に追加して、実施することが有効な手段となります。

加盟店開発は、段階に応じた加盟開発の方法を選択することが費用対効果の面でも重要ですが、継続した加盟開発ができなければ、フランチャイズ化した意味がなくなります。

4　加盟希望者への事業説明会資料の作成ポイント

●事業説明会資料はなぜ必要か

事業説明会資料は、加盟希望者へ自社のフランチャイズモデルを説明するために作成します。したがって、資料請求があった場合にも活用をします。

多くの加盟希望者がそれをもとに加盟検討をするため、加盟契約率を上げる上で非常に重要な書類となります。

●事業説明会資料の構成

事業説明会資料については、次の事項を盛り込むことが必要です。

①　会社概要

フランチャイズ本部の法人名、代表者名、所在地、電話番号、ホームページアドレス、創業年、フランチャイズ開始年月日、従業員数、店舗数、事業の軌跡、店舗一覧等。

② 現在の出店状況

小さな会社で店舗数が少ない場合は、店舗の詳細を写真や営業時間、住所や特徴等で記入し、店舗数が多い場合は、地域ごとの店舗数を明記し、実績の多さをアピールすることが望まれます。

③ 加盟店の声

これからフランチャイズ化を図る本部は、加盟店開設以降に、「加盟店の声」を取れるように準備しておくことが必要となります。現行加盟店を開設している本部は「加盟店の声」を掲載します。

④ メディア掲載

社会的な信用として、信用性が高いメディア等で特集された記事や特集情報、受賞歴等は、加盟希望者の安心感を持たせる資料となります。

⑤ 事業の業態の紹介

全く違う業界の方や業態を知らない方にもわかるように事業の業態紹介を実施します。業態のイメージが沸く資料とすることが理想です。業態のビデオ撮影の結果を見せることも有効です。

⑥ フランチャイズモデルの３つのポイント

フランチャイズモデルのアピールポイントを大きく3つ程度にまとめて詳細を解説します。また資料はわかりやすさが非常に重要です。アピールポイントは事業の業態としての同業態より差別化されている理由とフランチャイズモデルとして他のフランチャイズとの差別化されている理由の2つが重要なポイントとなります。

⑦　**初期投資、売上・利益シュミレーション**

初期投資に掛かる費用についてのモデルシュミレーションと売上・利益に関するシュミレーションを掲載します。この内容はあくまでも標準モデルのシュミレーションとなります。

⑧　**加盟までのスケジュール**

最後に加盟までのスケジュールを明記し、加盟希望者がどのように進めるべきかを明示します。

5　効果的なネット戦略!!　ランディングページの作成ポイント

●ランディングページとは

加盟希望者は、現在、ネットで情報収集することが多いようです。そのため、フランチャイズの加盟募集の見込客を発掘する上で、ネット戦略は重要なポイントとなります。ネット広告を掲載しても、広告の内容だけでは情報が不足しています。

そこで、実際に資料請求や事業説明会の行動を促すためのホームページ上に情報開示ページが必要となります。それがランディングページです。

●ランディングページのポイント

ネットの最大の欠点は、簡単に離脱し、他のページを簡単に閲覧が可能となることです。そのため、通常の起承転結の文章では再度までページを読んでもらえません。ページを開いた段階でお客様に関心を持ってもらわなくてはならないのです

そのため、最低限必要な内容を次の手順で記載することをおすすめします。

① フランチャイズのメリットから記入する

ページの最上部は、一番加盟希望者の目に入る場所ですから、それに相応しい内容を記載します。具体的には、「どのような希望を持っている方のフランチャイズなのか」「何が実現できるのか」「何が差別化ポイントであるのか」が明記されている必要があります。

いきなり結論から入ることがポイントです。

② 加盟店の声を記入する

次に、メリットの裏づけとして、加盟店の声を紹介します。これは、加盟募集開始段階には、声がありませんので、加盟契約を実現後に必ず明記することが必要です。加盟者の声は、3つ程度あるとベストです。これは、動画でも可能です。動画は信憑性が高まる効果があります。

③ 社会的信用を記入する

社会的に信用できるかどうかは、メディア掲載実績や信用ができる第3者の声等となります。これまで、特集された媒体や新聞の内容等を記入するとよいでしょう。

④ 他社との違いや重点ＰＲポイントを明記する

ランディングページでは、他社との違いや重点のＰＲポイントを明記します。簡潔に3点ほどに

絞り込むとよいでしょう。１つの重点ＰＲポイントごとに、それがなぜ実現できるのかの裏づけも記載します。

しかし、ここでは興味を持っていただくことが目的のため、概要を記入する程度とし、詳細は請求いただいた説明資料で理解ができるようにもっていきます。

⑤　何を実施して欲しいのかを明記する

ランディングページを閲覧後、「資料請求をして欲しいのか」「事業説明会に参加して欲しいのか」を明記します。その行動を行う上での問合せページへのリンクも必要となります。併せて会社概要を確認する傾向がありますので、会社概要ページへのリンクも準備が必要です。

6　フランチャイズ化の最低条件!!　フランチャイズ基本契約書のポイント

●フランチャイズ本部の契約書とは

フランチャイズは、すべて契約書によって成り立つ関係です。そのため、フランチャイズ本部のビジネスモデルの集大成がこの文書に凝縮されているものとなります。

しかし、本部からの相談の中では、残念ながら雛形の引用を活用して、深く考慮していないものも多いというのが事情です。契約書の不備は、後々本部に大きなリスクともなりますので、検討が充分に必要です。

●契約書作成の最低限ポイント

契約書を作成する上で最低限押えておくべきポイントは、次のような事項です。

① 本部の役割と加盟店の役割

通常、契約書には、本部の役割と加盟店の役割が記述されます。何を本部が実施し、何を加盟店が実施すべきかを明記することが必要です。

② ロイヤリティ・加盟金・研修費・保証金・契約期間・売上金の送金

ロイヤリティのほか、初期にかかる費用としての加盟金や研修費、保証金等も明確にする必要があります。併せて加盟期間、売上金の送金の有無や方法についても明示が必要です。

③ ＳＶ業務

ＳＶ業務について、どのような内容をどのような頻度で実施するのかを明示しましょう。

④ 開業中の投資

営業期間中にどのような費用を加盟店が負担するものか明確にする必要があります。

⑤ 兼業・競業禁止の可否

加盟店の兼業の可否や同業種の競業事業の可否を明確にする必要があります。競業事業の可否については、加盟終了後も一定期間禁止する場合も明確にする必要があります。

⑥ 商品・材料等の指定の有無

商品や材料等の指定を行う場合には、明示が必要になります。

⑦　**売上予測・テリトリー制**

本部の売上予測について、保証するものか、そうではないのかを明確にします。また、テリトリー制を設定するのであれば、その範囲の明示も必要です。

⑧　**開業前研修・研修指導**

開業前の研修や研修指導がどのような内容で実施されるものか明確にする必要があります。

⑨　**商標管理・秘密保持**

商標や特許等の管理は、どのように実施するのか、また秘密保持義務についても明確にします。

⑩　**解約・違約金・契約更新等**

解約条件やその際の違約金、契約更新の方法や費用についても明確にします。

7　情報開示書面と作成のポイント

●情報開示書面とは

情報開示書面は、フランチャイズ本部の情報やフランチャイズ基本契約書の中で特に重要な事項に当たる内容を抜粋して掲載し、加盟者に理解を得る資料です。

フランチャイズの加盟契約する前に、「情報開示書面」によりフランチャイズ契約の中で特に重要な事項を説明し、加盟店候補者に検討を促し、契約になれば、再度、契約書の詳細説明を行い、加盟契約を結ぶ流れとなります。

作成する理由の1つ目は、「聞いていない」という契約後のトラブルを解消するためです。契約書が難しい言葉で書かれているということが理由でもありますが、加盟者の「そのような話は聞いていない」というトラブルが多発しています。そのため、「情報開示書面」により1度説明をし、充分に検討をしてもらった上で、再度、契約書の内容を詳細説明し、理解を深めることが目的です。

2つ目は、情報開示書面により、加盟店の安心感を持ってもらうためです。弊社のクライアントの本部でも、法人の新規事業でフランチャイズ加盟を検討されている方から、「今までのフランチャイズ本部ではそのような書面はなかった」ということで、初期段階のフランチャイズ本部でも信用を増すツールとしての役目を果たしています。

立上段階では、実績の面で見劣りする部分がありますが、しっかりとした本部と見せる演出は小さな会社にとって重要なポイントです。

●どのような内容を明記するのか

情報開示書面では、次のような内容を明記します。

① フランチャイズ契約のご案内
② フランチャイズチェーンへの加盟を希望される方へ
③ 第1部・フランチャイズ本部の概要

経営方針・経営理念等、本部の概要、会社組織図、役員一覧、直近3事業年度の貸借対照表および損益計算書、売上・出店状況、加盟者の店舗に関する事項、訴訟件数

④　第2部・フランチャイズ契約の要点

契約の名称、売上・収益予測についての説明、加盟に際しお支払いいただく金銭に関する事項、オープンアカウント、売上金等の送金、金銭の貸付・斡旋等の与信利率、加盟者に対する商品の販売条件に関する事項、経営指導に関する事項、使用していただく商標、その他の表示に関する事項、契約期間・契約の更新および契約解除に関する事項、定期的にお支払いいただく金銭に関する事項、その他の本部を対象としない支払いについて、営業時間・営業日・休業日について、テリトリー権の有無とその内容について、競業禁止義務の有無とその内容について、守秘義務の有無とその内容について、店舗の内外装等についての特別義務、契約違反をした場合の違約金、課される義務について、事業活動上の損失に対する補償の有無とその内容等、加盟者に課する特別の義務について

これらを文書化し、事前に説明を行い、サイン等を得ることが理想です。

8　開発の現場から学ぶ!!　フランチャイズ加盟開発の悩み

●加盟希望者の発掘ができない

初期段階では、「加盟希望者をどのように発掘するか」が非常に大きな課題です。広告戦略も重

要ですが、実績数や充分な予算を持った広告戦略が取れないため、ここでは初期段階で効果が高い紹介体制について解説します。

紹介体制の構築には、「様々なチャネルの発掘」「本部の信頼性」「紹介の容易さ」「紹介報酬」の4つがポイントです。

① 様々なチャネルの発掘

効果的なのは、様々な紹介者を発掘することです。士業を始め、異業種交流会や取引業者、不動産業者等紹介をできるチャネルは前述したように複数あります。チャネルを多く発掘することが重要です。

② 本部の信頼性

フランチャイズ本部の規模や実績等も要素としてありますが、一番重要なことは紹介を行った相手に迷惑がかかる可能性があるかどうかです。つまり、日々の紹介者への対応や紹介をいただいた加盟希望者への対応が重要となります。

紹介頂いた加盟希望者との進捗状況の報告をきちんと行うとともに、強引な加盟希望者への提案等は避けるべきです。信頼性の最重点は日々の対応が重要です。

③ 紹介の容易さ

「ビジネスモデルが提案しやすいか」という視点もありますが、「加盟希望者の対象を明確に伝えているか」という視点があります。

「誰かご紹介ください」では、紹介者は誰に声をかければよいか、紹介者が考えなければならないため、紹介するのが面倒になります。そのため、「開業希望者をご紹介ください」と明確に対象を絞り込み、伝える必要があります。

また、興味がある人を紹介してもらうことが重要です。あくまでも事業説明はフランチャイズ本部の仕事です。「興味がある方へパンフレット等をお渡ししていただき、事業説明会にご紹介ください」等と、具体的なツールの準備と紹介者が動く上で、ハードルが高くない内容を依頼することが重要です。

④　紹介報酬

紹介者への報酬は、初期段階では成果報酬型となることが多いですが、その報酬が低いと、当然、意欲が湧きません。

したがって、相応の報酬は不可欠ですが、紹介報酬の源泉は加盟金とつながりますので、フランチャイズ基本設計時に加盟金を低い金額で設定してしまうと紹介報酬も低く設定しなくてはなりません。紹介報酬も考慮した加盟金設定が重要となります。

●加盟希望者との契約率が低い

加盟希望者との契約が低い要因は、「ビジネスモデルが差別化されていない」という要因が大きいですが、その他「加盟ターゲットとニーズが違う」「購買阻害要因が除去できない」という問題もあります。加えて、開発担当者の信頼性も重要な要素です。

① 加盟ターゲットとニーズが違う

自社のフランチャイズビジネスモデルでターゲットとしている加盟希望者のニーズと自社のフランチャイズが提供できるメリットが違う場合は、契約は進みません。

例えば、初期投資金額が2，000万円以上であるにもかかわらず、開業希望者をターゲットとするのではターゲットがミスマッチとなります。それは、開業希望者が融資を活用しても、2，000万円の金額を準備できるケースは稀であるからです。

② 購買阻害要因が除去できない

「興味は持ってもらえるが、契約ができない」というのは、「資金調達ができない」「物件が発掘できない」「家族や親族の反対」等の購買阻害要因を除去できていないためです。

「資金調達ができない」については、本部も一緒に事業計画書を作成することが必要となります。

「物件が発掘できない」は、初期段階のフランチャイズ本部では、物件開発の専任担当者を雇うことができないことに起因しています。そのため、物件発掘に関しては、不動産業者への依頼が中心となります。希望する物件の概要書を作成し、様々な不動産業者に手渡し、情報が入る仕組みが必要です。

「家族や親族の反対」については、家族や親族へ再度説明を実施することが重要です。加盟希望者からの説明内容は、本部の事業説明の一部ということが多いものです。

第6章

フランチャイズ展開で押えるべき13のポイント

1　相談件数急増!!　既にフランチャイズ展開をしている企業の悩み

●なぜスーパーバイザーに関する相談が多いのか

弊社では、スーパーバイザーに関する悩みの相談が増加しています。現行のフランチャイズ本部からは、次のような相談が発生しています。

①　既存店の売上が上がらない

一番多いのは、既存店の問題です。

日本を取り巻く環境は、少子高齢化、人口減少、人手不足、消費飽和、競争激化と既存店の環境は必ずしもよい状況とはいえません。

フランチャイズ本部には、ある一定の成功モデルがありますが、成功モデルを水平展開したとしても、商圏や立地等環境や運営する人の環境などで、思うように売上を上げることができない事態が発生しています。しかも、近頃は、伸びる業態はすぐ競争激化になり、個店力が伴わないと売上で苦戦するようになっています。

つまり、既存店に関しては、最初はよくても売上が継続して上がることは至難の業となっており、全店同じ戦略を実施すれば売上が上がるということが減少しているというのが実情です。つまり、チェーン店のメリットである成功している方法の徹底だけでは、数値改善に繋がりにくい環境です。

昨今の売上を上げにくい環境下では、全体方針の徹底だけでは数値改善が進まず、数値改善が進まなければ、全体方針の徹底も難しくなり、さらに数値を上げる要因が減っているということです。

②　人手不足に拍車がかかっている

２番目の課題は、「人手不足」です。

加盟店が従業員を採用し、教育をし、事業運営を行うビジネスモデルでは、人が不足していることは、事業運営事態を困難にする要因となっています。これは、現在、マスコミで取り上げられているコンビニ業だけでなく、飲食業、サービス業、その他の小売業等多くの業界で大きな課題となっています。

事業を行う内的な環境が厳しくなれば、当然、営業日や営業時間を本部に了承もなく変更を行う加盟店や売上を上げるための行為も、日々のオペレーション業務に追われて、実施できない加盟店が増えています。最悪、内的環境のために、事業から撤退する加盟店も増加しているのが現状です。

大きくいうと「売上が上がりにくい環境」「人手不足による内的環境の悪化」により、加盟店が本部の方針や戦略を素直に受け入れることができない環境になっています。

●これから求められるスーパーバイザーとは

これからのスーパーバイザーは、全体対応だけでなく、個店対応もできるコンサルタントとしての能力・資質が求められています。

また、ただ売上を上げるアドバイスだけでなく、従業員の採用や教育、生産性の改善の店内体制を構築することができるスーパーバイザーが要求されています。私は、この点が、小さな会社がフランチャイズ化する際の一番の大手との差別化ポイントであると考えています。

スーパーバイジングの質については、店舗数もブランド力も関係ありません。通常のコンサルタントは、個店のアドバイスを実施し、生業として成り立っているからです。また、大手でもスーパーバイジング制度が整っている状況とはいえません。ここに差別化ポイントがあります。

2　2：6：2の法則とは

●2：6：2の法則

多店舗展開には「2：6：2」の法則があるといわれています。これは、フランチャイズ本部の加盟店の状況を分析するのと全く同じ比率ではないにしても、類似した比率になることが多いと考えています。加盟店を成功に導くためには、この「2：6：2」の法則を活用した成功モデルの水平展開が必要なのです。

10店舗展開しているとします。「最初の2」は、本部の経営方針や経営戦略を伝えると独力で達成する戦略や行為を検討し、結果を出す優秀店と呼ばれる2店舗です。

「真ん中の6」は、実施方法や行為等の教育や動機づけ等を実施して結果を出す6店舗です。

「最後の2」は、能力面や意識面等が低かったりすることで、結果を出すことが困難な2店舗です。

【図表10　2：6：2の法則】

	2	:	6	: 2
	2	3	3	2
分類	A	B	C	D
意識	○	○	△	×
能力	○	△	△	×

この中で、チェーンとして大きな数値改善に繋がる可能性があるのは、「真ん中の6」です。この「真ん中の6」を一番効率的に改善する方法は、「最初の2」が実施している方法を分析し、それを水平展開し、教育や動機づけを行うことです。これが、成功モデルの水平展開となります。

この展開を実施するのがスーパーバイザーの大きな役割となります。なぜならば、各店舗は自店のことはよく理解していても、他店の成功事例やポイントは理解していないからです。

●2：6：2に基づく教育指導のポイント

「真ん中の6」は、さらに詳細を分析すると「3：3」に分けることができます。そうすると、「最初の2」をA、「2番目の3」をB、「3番目の3」をC、「最後の2」をDと4段階にできます。4段階に分け、「意識面」と「能力面」に分けると図表10のような傾向が見られ、段階ごとに指導のポイントが異なります。

Bを動かすには、「能力面」を埋めることが重要となりますので、「具体的行為の指導」ということになります。Cを動かすには、「意識面」を動かす「動機づけ」と「能力面」を動かす「具体的な行為の指導」が必要となり、Dを動かすには、「意識面」の「動機づけ」と「能力面」の「具体的な行為の指導」を時間かけて実施する必要があります。各店舗でも、成功モデルを展開する方法も異なるのです。

3　スーパーバイザーとは何か

●スーパーバイザーの役割とは

スーパーバイザーは、本部の方針や戦略、目標、事業計画を各店舗やエリアに具体的に展開するだけでなく、各加盟店の数値改善を行うのが仕事です。そのために次の役割があります。

①　本部の方針や戦略、目標、事業計画を各店舗に情報として伝達する役割。
②　本部の方針や戦略、目標、事業計画を各店舗で具現化する役割。
③　各店舗の方針や戦略、目標、事業計画に関与し、個店ごとの課題を解決する役割。
④　店舗の現状の課題を本部にフィードバックする役割。

これらは、コンサルタントと全く同じ仕事です。情報によって加盟店を成功に誘うのがスーパーバイザーの仕事であり、コンサルタントの仕事なのです。そのため、各側面で次の働きをします。

①　**計画段階**

・各個店の商圏調査や競合調査、自店分析等を通じて、外的環境や内的環境を理解する役割。
・エリアや各店舗の方針、目的・目標・戦略・事業計画の立案の指導を実施し、個店毎に数値改善を果たす計画を策定する指導を行う役割。

② **実行**

・本部の情報を各店舗に情報共有を行う役割。
・各店舗の目標や戦略・事業計画を従業員に具現化するための仕組みの指導や教育する役割。
・従業員の動機づけの方法や教育の方法を店長や経営者に対して指導を行う役割。

③ **評価**

・店舗確認等を通じて、店舗の現状と課題を把握する役割。それを本部へフィードバックする役割。
・経営数値の管理を通じて、数値上の店舗課題を把握する役割。
・店長や従業員の評価を行う役割。
・店舗の監視を行い、公平かつ公正な運営が行われるか確認する役割。

④ **改善**

・各検証を通じて店舗の改善課題について改善の方策を立案し、指導や支援する役割。
・改善の方策を情報共有し、改善計画を具現化する役割。
・直営店であれば店長等の面接や評価を通じて、教育を促す役割。

●スーパーバイザーによって数値は変化するのか

私は、かつてフランチャイズ本部で実際にスーパーバイザーを行っていました。その経験から断言できることは、スーパーバイザーによって数値は必ず変わります。

そのため、スーパーバイザーのレベルの標準化や継続的なレベルアップが重要となります。ただし、スーパーバイザーは、店長と違い、加盟店の経営者を通じて、従業員や店舗改善に働きかけ、数値を変える間接マネジメントが中心となります。

●店長とスーパーバイザーの違い

店長は、文字どおり店舗の長ですから、お店の経営戦略を立案し、経営管理を行います。自分が担当しているのが1店舗であれば、その店舗の数値改善を目的に、従業員の戦力化を実施しながら、管理を行っていきます。

スーパーバイザーは、複数店舗の担当店を持ち、エリア内の担当店全体の経営戦略を立案し、経営管理を行います。自分が担当している担当店の店長および従業員の数値改善を行う目的のために、戦力化を図りながら、目標を達成する仕事です。この部分だけを見れば、店長とスーパーバイザーは個店かエリアかという視点で違うということになります。

当然、スーパーバイザーは、直営店の管理もしますので、直営店の店長からすると上司ということになります。決定的な違いは何かというと、店長は直接マネジメントであり、スーパーバイザーは間接マネジメントであることです。これは、簡単な違いのようですが、大きく業務が変わります。

店長は、自分の個店において、数値改善を行うために、独自に経営戦略を練ることもできますし、結果を出すための従業員の管理も直接実施することができます。

しかし、スーパーバイザーは、各個店ごとの目標や経営戦略を持っていても、各店の店長と共有化を図り、店長の合意を得た上で、その実行を管理するというやり方で、店長に教育や指導を行うことで管理をするという役目になります。つまり､常に何かをやろうとすると次のことが必要になるのです。

① 個店の店長と共通認識を持ち、合意形成が必要であること。

② 実行するための管理については、自分が自らするのではなく、店長を通じて管理するため、教育や指導が必要であること。

また、いつも店舗に臨店しているわけではありませんので、個店で起きている問題を肌で感じるのではなく､ヒアリングや現場の現状を観察することで問題点を発見していかなければなりません。

特にフランチャイズ本部であれば、フランチャイズ加盟店の店長は別の経営者ですので、加盟店の経営者と共通認識を持ち、動機づけを行い、やり方を教育していく必要があるということでさらに込み入った形となります。

つまり、いつも人を通じてやらないといけないのが、スーパーバイザーと店長の役割の違いです。

●フランチャイズ初期段階のスーパーバイザー制度

初期のフランチャイズ本部では、スーパーバイザーは経営者または1名のスーパーバイザーが実施することが多いです。加えて兼任で実施しています。

加盟店の増加に伴い、フランチャイズ本部の毎月のロイヤリティによって、スーパーバイザーの人数を増やしていく方法を取ります。

当然、スーパーバイザーの必要人数は、加盟店の臨店の頻度やフォローの内容で変わってきます。1週間に2回訪問するコンビニエンスストアでは、1人8店舗。3か月に1回訪問するフランチャイズ本部では、1人50店舗と、担当する店舗数によって変わってきます。重要なことはロイヤリティに見合う臨店頻度と内容であれば問題ありませんが、最低でも加盟店を成功に導く内容と頻度となります。

いずれにしても、それが1名であっても、仕事やその具体的内容は明確にする必要があります。

4 スーパーバイザーに求められる信頼関係

●フランチャイズ本部と加盟店との関係は

フランチャイズ加盟店と本部とは、ビジネスパートナーであり対等な関係です。そのために、何かを加盟店に実施してもらうためには、「助言」や「指導」になります。「助言」や「指導」を加盟店が実行するためには、本部への信頼関係がなければならず、その構築が最優先となります。

●加盟店との信頼関係を構築する要素

私の過去のスーパーバイザー経験および現在のフランチャイズ本部のスーパーバイザーに関する

指導経験からいえば、信頼関係構築には次の要素が必要です。

①　的確な助言

的確な助言が信頼関係の源泉となります。助言やアドバイスがしっかり成果に繋がるかという視点です。加盟店は、アドバイスの成果が出る確率が低いと指導や助言は聞かなくなります。

②　加盟店の状況把握

加盟店の経営者および経営環境等の状況を把握しておくことです。いくら戦略や政策が正しくても、実際に実行するのは加盟店ですので、現状と合わなければ提案しても実行しません。また、実行できないには、何かできない理由があります。それを把握していなければ、信頼関係が生まれません。

③　商圏の状況把握

商圏の状況を詳しく把握することが先決となります。お店の置かれている外部環境をしっかり理解することが重要なのです。お店は、外部環境に影響を受けます。その内容をしっかり把握していなければ、「あくまでも他の事例」と反論されて終わりとなります。

④　本部情報や情報伝達

本部からの情報や情報伝達がしっかり行われるということも重要な信頼関係となります。加盟店は知らない情報がたくさんありますので、伝えられる範囲はあると存じますが、しっかり伝えていく必要があります。

⑤　動機づけ

何かを実行してもらうときには、必ずやる目的をしっかり伝えるとともに、動機づけが必要となります。「指示だけ出して動く時代」ではありません。

⑥　事業の課題が解決できる

事業の多くは、従業員を活用して実行することが多いものです。従業員の募集・採用・教育はどうするのか、具体的にどうやって従業員を動機づけるのか等、個店の課題の解決が必要となります。

⑦　利益改善

最終的には、加盟店の重要指標はいくら儲かったかの利益です。売上ではありません。スーパーバイザーのアドバイスが利益改善につながって初めて信頼関係が醸成されます。

5　加盟店を成功に導くスーパーバイザー体制のポイント

●スーパーバイザー

スーパーバイジングを行う際の臨店の目的とは、主に次の要素があります。

①　経営コンサルティング機能

経営課題や経営目標を達成するための戦略立案から実行支援、検証、改善支援までの支援を実施します。

この中には、当然、経営資源の管理も含まれますので、人の管理や物の管理、資金の管理等も指導を実施していきます。

【図表11　ＳＶ体制と業務改善】

	ＳＶ体制（ＳＶ管理）	ＳＶ業務改善（ＳＶ）
Plan（計画）	・ＳＶの仕事・役割 ・会議内容構築 ・ＳＶ臨店内容・計画	・個店改善計画 ・臨店準備
Do（実行）	・ＳＶ業務の実行 ・（ＳＶ教育）	・個店情報共有化体制 ・コンサルティング（臨店）
Check（チェック） Action（改善）	・店舗確認の報告 ・会議内容構築 ・報告・連絡・相談	・店舗確認（臨店） ・検証・課題発掘改善

上記の仕組みの構築と教育が必要

②　成功モデルの実施状況の確認

フランチャイズ本部は、成功モデルの水平展開を行うことにより、加盟店が成功できるビジネスモデルを広げていきます。そのため、フランチャイズ本部が保持する成功モデルを商品、商圏・立地、サービス、販促の視点で確認し、実施状況に問題があれば、改善の指摘を行い、指導を行っていきます。

③　監視機能

監視機能とは、フランチャイズ本部では、性善説では成り立たない部分があるのも事実です。契約事項で明記している事項やマニュアルで明確にしている事項等、実際に遵守されているかも確認を行います。「1店舗だけであれば問題ない」という考えがチェーン全体を崩壊に招く可能性もあるので、この監視機能はどうしても必要な機能となるのです。

スーパーバイザー体制は、図表11のように、ＳＶを管理業務とＳＶ業務の2つから成り立ちます。

【図表12　ＳＶ会議】

計画	《ＳＶ会議で共有》 ・経営方針 ・経営目標 ・商品情報・キャンペーン情報等 ・達成行為 ・成功事例共有
実行	ＳＶ活動
評価・改善	《ＳＶ会議で検証》 ・数値検証 ・行為検証 ・改善策立案

《会議の目的》
○合意形成　○具体的行為共有
○検証

3時間パターン事例

時間	主な実施内容
30分	○前回の数値・行為検証《地区》
30分	○経営方針・経営目標共有
60分	○新商品情報・キャンペーン情報 ○達成行為 ○成功事例共有
15分	休憩
100分	○前回の数値・行為検証《ＳＶ》 ○ＳＶ目標設定 ○達成行為 ○成功事例共有 ○報告・連絡・相談
	終了

《ポイント》
○定期的開催　○当番制
○目標共有・行為共有
○検証は、厳しく＋行為迄検証
・数値改善○→褒める
・数値改善×→行為検証
○成功事例共有　○継続的指導

●スーパーバイザーの管理は会議で実施する

店舗数が増加すると複数のスーパーバイザーを管理する必要があります。具体的には、スーパーバイザーに情報を提供（P：計画）し、スーパーバイザー活動を実行（D：実行）させ、スーパーバイザー活動を検証（C：評価）し、改善指導（A：改善）を実施しているかを管理します。

そのためには、ＳＶの管理を目的とした「ＳＶ会議」（図表12参照）の活用が有効です。

ＳＶ会議では、次のことを実施します。

① 計画（Plan）

経営方針や経営目標の情報共有、新商品や売筋商品やキャンペーンの情報共有と達成行為。日々の売上利益改善の成功事例共有の事例等を実施する。

② 実行（Do）

ＳＶ会議で得た情報をもとに、ＳＶ活動の実践をする。

③　**評価（Check）・改善（Action）**

ＳＶ会議でＳＶの数値検証と達成行為の検証を実施し、改善指導を実施する。

ＳＶ会議は、数値検証から入り、経営方針・目標の共有、商品情報・キャンペーン情報と達成行為の共有まで実施する必要があります。

次回の会議時は、前回の目標と達成行為を検証し、改善指導を実施し、管理サイクルを回します。

ＳＶ会議は、定期的に実施し、頻度が多い場合は、会議を当番制にすると負担が軽減化されます。

ＳＶ会議は、ＳＶ管理と指導の場として非常に有効な手段です。

6　スーパーバイザーが押えるべき全体戦略と個店戦略

●個店主義とは

フランチャイズ本部展開を行う場合、昔は、標準化されたお店をどれだけ増やすかという視点が中心でした。しかし、昨今は、標準化だけでなく、個店主義の要素も必要だといわれています。

個店主義とは、通常の個人店であれば当たり前なのですが、個店ごとにお客様のニーズに合わせて品揃えや商品、サービス等を変えて、より地域に密着したお店づくりを行うことです。

しかし、多店舗展開やフランチャイズ本部のチェーン展開にとっては、これとは正反対で、本部で標準化された仕組みや商品でお客様に安心感を与えるとともに、スケールメリットを活かして、原価の低減を実現していました。その結果、お客様に良質な商品を安価な価格で提供することができたのです。もっとも、これは、日本全国のお客様のニーズが同じようなニーズがある場合に成立しました。

ところが、昨今は、地域格差や地域ごとの嗜好の違いなどで、以前より、地域やエリアでのお客様のニーズを組み込んだ店舗づくりが必要になってきています。

そこで出てきたのが「個店主義」という考え方です。標準化された部分については、その「強み」を活かし、「個店主義」で対応できる部分をつくる。このような考え方が小売業を中心に実施が始まっています。このことは、今後、様々な業界でも重要になると考えます。なぜなら、人口は減少傾向にあり、より、昔から広範囲でお客様を集客するといった形ではなく、小商圏の中でお客様を集客し、来店頻度を上げることでシェアを上げる必要が今後の店舗型ビジネスには必要であるからです。

これは、今後のフランチャイズ本部を運営する上でも重要な要素となると思います。本部が指定するだけでなく、個店ごとの余地またはエリアごとの品揃えや商品、サービスの改善の余地を本部も一緒になって検討していく必要があるということです。

フランチャイズ本部は、本部から推奨された商品や材料を使用するのは当たり前のようになっていますが、本部が主導的に、地域やエリアで商品開発や仕入を行えば、別にフランチャイズであっても「個店主義」は可能です。

代表的なのがコンビニです。コンビニは、標準化されていますが、徹底したエリアマーケティングで、個店ごと、地域ごとに商品も違えば味も違います。例えば、おでんでも、ダシの種類は地域ごとに違いますし、薬味も地域ごとに違います。つまり、フランチャイズ本部でも、「個店主義」は可能なのです。

●個店主義を実現するに当たっての絶対条件

個店主義を実現するに当たっての絶対条件は、出店戦略であると思います。個店主義を実現する上での最大のデメリットは、新たな商品開発で使用する原材料や商品の仕入において、バラバラになり、スケールメリットが得にくくなることです。

しかし、これは、出店戦略を実施することによって実現することができます。それが、「ドミナント出店」です。「ドミナント出店」とは、同じエリアや地域に隣接して出店を図ることで、認知向上による広告宣伝効果を図り、シェアを上げる手法でもありますが、これは「個店主義」でも活用ができます。

近いエリアや地域でフランチャイズ本部展開を実施すれば、エリアや地域が似通っているため、基本的には扱う商品やサービスについては同じもので問題がないケースが多く、同じエリアで多数出店を図れば、スケールメリットも活かすことができます。「個店主義」を実現するに当たっては、この「ドミナント出店」は必須事項です。

商圏の範囲や1店舗間の距離は、各業態で異なると思いますが、基本はこのドミナント出店が基礎となり、地域に根差したフランチャイズ展開を実現することが今後重要になってきます。

●個店主義の始まりは、商圏を知り、お客様を知ること

商圏調査は、出店の際に実施され、出店する店舗物件について、人口や事業所・従業員数や小売業の年間販売金額の多数の数値データをもとに、自社の業態が成り立つのかを決定する基礎資料となります。

これは、自社の個店主義を実現する上でも重要なデータとなります。なぜなら、主たる顧客は個店のお店の商圏から来店されるお客様であるからです。

例えば、高齢者の比率が20％を超えるエリアが個店の主エリアであったとします。その商圏のお客様のニーズを満たすために、自社では「どのようなものがよいか」「どのようなものを品揃えすればよいか」と考えるのではないでしょうか。

つまり、商圏調査を行えば、自店の置かれた商圏環境がわかり、その商圏環境に合った業種業態をつくったり、商品を開発したりすることができるのです。

個店主義は、自店の置かれた環境を整理し、お客様を知ることから始まります。そのためには、商圏調査が必須事項なのです。

●商圏調査だけでは、自己満足

私は、「商圏調査だけでは、自己満足」と言っています。商圏情報からお客様を読み取り、どの

ようにすればよいかを検討することが重要です。そのために、次のことを検討する必要があります。

①誰が……誰がターゲットなのか
②どんな……どんなニーズがあるのか
③いつ……どんな利用シーンで利用してくれているのか
④何……ターゲットなるお客様はどのような商品が欲しいのか
⑤どこで……今はどこで購入しているのか（競合）
⑥どのように……それは今、どのように購入しているのか（店頭購入やネット購入等）
⑦いくら……それは今いくらで購入しているのか

つまり、５Ｗ２Ｈでお客様を分析し、「どのような商品やサービスを提供すればよいか」を検討するエリアマーケティングが個店主義にとって重要なのです。

7　スーパーバイザーの３種の神器とは

●スーパーバイザーの３種の神器とは

スーパーバイザーを行うためには、最低限何が必要なのでしょうか。私は、自身のスーパーバイザーでの体験および現在数多くのフランチャイズ本部やレギュラーチェーンの支援を行う中で次の３つであると思っています。それは、Ｐ―Ｄ―Ｃ―Ａという管理サイクルを回す上で重要な、①行為計画（Plan）、②ミーティング（Ｄｏ）、③店舗確認（Check、Action）の３つです。

各店舗の改善行為計画を計画し、加盟店とのミーティングで共有化し、店舗確認を通じて現場の実施状況を検証し、改善を行う３つのツールを小さな会社でも最低限構築すべきです。

●行為計画

行為計画は、次のようなものから成り立ちます。

・数値計画……担当する店舗の売上や利益やＫＰＩ等の数値計画
・行為計画……具体的に上記を達成するために実施する計画（５Ｗ２Ｈ）
・数値進捗管理……右記の計画を数値で進捗管理し改善
・行為進捗管理……数値だけでなく、行為についても進捗管理し改善
・個店改善課題改善計画含む……その他、個店独自の改善計画と進捗管理

●ミーティング

ミーティングは、数値計画や行為計画の内容を共有し、教育する場となります。

フランチャイズ店であれば、加盟店の経営者や店長となる場合もあれば、従業員も交えてということになることもあります。

・臨店打合せ……売上・利益改善するために数値だけでなく、行為も打合せ

・従業員会議……従業員も交えて行為や数値を共有し、実行を促すための行為
　重要なことは、計画の精度もありますが、具体的に動いてもらうための動機づけです。

●店舗確認

店舗確認は、指導カルテです。具体的に成功モデルの実施状況をチェックするだけでなく、売上・利益を具体的に改善する行為計画のチェックもこの店舗確認で実施します。

店舗確認は、①売上・利益改善の視点、②成功モデル実施状況の視点、③改善状況の検証の支店で実施することが重要です。

さらに、これら３つを円滑に動かすためには、相手先との信頼関係が不可欠となります。この信頼関係があって初めて、真の計画が作成できますし、ミーティングも円滑にでき、さらに店舗確認で指摘した事項が改善されるのです。

8　スーパーバイザーの優劣の８割は事前準備で決まる

●なぜスーパーバイザーに臨店準備が必要なのか

繰り返しますが、スーパーバイザーの仕事は、コンサルタント業と同じです。コンサルタントは、実際には、過去の経験や実績だけでできることは少ないものです。なぜなら、過去の経験や実績だ

けでは、昨今の早い経営環境や企業ごとの様々な経営課題を解決することはできません。企業ごとに環境が違うわけですし、一昔前の成功要因で成功できるほど甘い環境ではありません。これは、スーパーバイザーも同様です。

事業は同じでも、抱えている課題は違います。

また、受け取る相手側の考え方も違えば、性格も違います。しかも、時間という制約と戦わないといけません。

打合せを円滑にし、さらに臨店結果を最大化するためには、事前に準備しなければならないのです。

●どのような臨店準備が必要なのか

臨店準備は、最低限必要な次のことが必要です。

① 担当店の商圏・立地等の特性を理解している

店舗型の売上はお客様が来店しなくてはならないため、商圏のお客様に基づく対応が必要であり、店舗の商圏や立地等の特性を理解しておかなければスーパーバイジングはできません。

② 担当店の競合の強み・弱みを理解している

競合のないが店舗などあり得ません。その競合がどこで、どのような強みや弱みがあるのかを知っておくことは最低限必要なことです。

③　担当店の強み弱みを理解している

担当店舗の強みや弱みを正確に理解している必要があります。

また、担当店の特性（オーナーや店長の性格や従業員の性格なども）もしっかり把握している必要があります。

④　臨店スケジュールが計画的に立案されている

臨店のスケジュールは明確でないといけません。フランチャイズでは、契約書でも定められていることが多く、どのような頻度で、どのような内容を計画的に実施するのかが重要です。

⑤　臨店の目的と定型化されたシナリオが立案されている

臨店を行うには、ある一定の「型」がないと臨店内容が人や店ごとにバラバラになります。

⑥　臨店の目的に応じて事前準備を行っている

臨店する際の目的に応じた事前準備が都度必要です。最低限必要なものを次に列記しておきます。

・前回臨店時の提案事項の数値検証ができている。
・次回提案する資料が準備できている
・実施阻害要因が想定できている。
・阻害要因を除去する提案と根拠が準備できている

阻害要因とは、提案を実施した際に、相手先が反論したり、実行する上で障害になることです。

それが事前に検討できていないと、相手先に提案が受け入れられることはありません。

9　スーパーバーザーの日常・臨店業務の設計

●臨店では何をすればよいのか

臨店に当たっては、次のことを行います。

①　エリアの目的・目標・個店の目的・目標の設定

経営コンサルティング機能を果たすためには、目的や目標が必要です。スーパーバイザーが担当しているエリア全体も必要ですし、個店でも必要です。

②　エリアの行為計画・個店の行為計画がある

目的・目標を達成するには、具体的な戦略と何を誰がいつまでにするといった具体的な行為に落とし込んだ計画が必要となります。

③　実際の行為計画に従い、数値検証を実施する

計画を立てただけでは、数値は達成しません。したがって、その数値を検証し、適宜改善を図るための継続的な指導が必要になってきます。また、数値検証だけでは原因を把握することができませんので、現場を確認し、観察し、問題がある点を指摘や改善する指導を実施します。

④　数値検証から売場やお店の状況を店舗確認する。

成功モデルの実施状況を現場で確認することも重要となります。それが店舗確認となります。商

品、商圏・立地、サービス、販促の４つの視点で自社の成功モデルがどのように実施されているかを確認し、指導を行います。

⑤　店舗確認結果から、改善提案を実施する

店舗確認は指摘するだけでは改善されません。具体的に何を誰がどのようにするが必要です。

⑥　個店の課題を把握し、改善提案を実施する

スーパーバイザーには様々な相談事が持ち込まれます。この相談事を改善するのも、スーパーバイザーの仕事なのです。これは特に信頼関係構築に繋がります。

⑦　新商品やキャンペーン等の打合せを実施する

本部から伝えたい新商品や重点商品、キャンペーンなどの情報もしっかり伝える必要があります。その他、本部の方針や戦略などの伝達も含まれます。

●臨店のモデル（型）をつくる

臨店において重要なことは、「臨店のモデル（型）」をつくることです。臨店の現場では、型どおりで進まないことも多いですが、モデルがあることで、スーパーバイザーの標準化を実施することができます。

図表13は、パーソナルフィットネスジムA社の臨店のモデル（型）の事例です。これらを参考に臨店のモデル（型）をつくりますが、最初に臨店の頻度と時間の設定が必要です。

【図表 13　ＳＶ臨店モデル】

SV業務		
臨店時間：2時間	目安時間	ツール
①店舗確認の実施・改善指導	20分	店舗確認表
②前月の検証と対策	10分	月間行為計画書
③経営数値の確認と改善	10分	売上分析表
④本部方針・戦略情報共有	10分	本部資料
⑤商品・サービス情報・キャンペーンの情報共有と対策	5分	本部資料
⑥次月の行為計画	20分	月間行為計画書
⑦従業員教育及び管理の指導	40分	教育資料
⑧諸連絡事項	5分	

臨店の頻度と時間は、多いほど加盟店のフォローが充分にできますが、ロイヤリティが臨店指導の収益源となるため、ロイヤリティの予測額に比例して設定することになります。

ロイヤリティが低額の場合には、臨店の頻度や時間を少なくし、電話やメール、オンライン等の方法で指導できる体制を構築することが必要となります。その場合でも何を実施するかの「モデル（型）」が必要です。

●臨店のモデル（型）のポイント

①　店舗確認から入る

店舗確認は、現在の現場の問題を確認する場です。現在の成功モデルの実施状況、重点事項の実施状況、本部戦略の実施状況等の問題点を確認してから、打合せに入ることが重要です。

②　打合せは必ず検証から入る

前回打合せを実施した内容の検証から入ることが重要

です。検証は、徹底を行う上でも、数値改善を行う上でも最重要事項です。臨店のモデルの最初に必ず実施することが必要です。

③　店舗の行為計画を立案する前に本部方針や戦略を共有する

本部方針や戦略の共有は、フランチャイズ本部と加盟店が同じベクトルになるために重要な情報共有です。店舗の行為計画は、同じベクトルになった状態で実施しなければ、効果が減少します。そのため、店舗の改善行為計画の立案前に打ち合わせることが望まれます。

④　次月の行為計画の立案と教育

臨店では、「何を改善するのか」を具体的な行為まで落とし込んで、指導や情報共有を実施することが重要です。その打合せの結果は、口頭だけでなく、具体的な書面にし、後から確認ができる状態を保つことが重要です。

さらに教育指導は、行為計画を実現するための教育指導となります。行為計画と教育が連動していないと効果を上げることができません。

10　スーパーバイザーコミュニケーションの5つのポイント

●動機づけのポイント

スーパーバイザーが話をしたことを現場で実践していないケースがよく発生します。なぜ、言っていることは正しいのに現場では実践しないのでしょうか。人は、方法論がどれだけ正しくても、動かされる動機がないと動かない。私は実体験からそう考えています。

動機づけのポイントとしては、次のことがあげられます。

①「好き」「嫌い」が大きな影響を与える

人は、結局のところ、好きか嫌いかで物事を素直に受け止めるかどうかが決まります。「人として好きか」「日頃の発言」「日頃の振舞い」です。嫌いな人が言うことであれば、何かと否定的な見方をしたり、素直に受け取れなかったりします。

最初に重要なことは、「日頃の発言です」。悪気はなくても、相手がどう受け取るかは別問題です。常に、自分の発言を相手がどのように取るのかを考えて発言をする必要があります。これについては、「日頃の振舞い」も同じことといえます。

また、加盟店に関心を持っているか、「気遣い」「配慮」等も重要です。関心を持ってくれる人に人は好意を持ちます。こちらが嫌いになれば相手も嫌いになります。その中でも「気遣い」や「配慮」は非常に重要であると思っています。

例えば、店長が、元気がない。「なぜ」と関心を持ち、体調が悪いということがわかれば、気遣いの言葉をかけると思います。この小さい気遣いや配慮が動機づけにも大きく繋がってきます。

②「共感」を得ることができないと動かない

次に共感です。人は、実際に助言を受けたことや指導を受けたことに「共感」が得られなければ動きません。「共感」は、「自分にどのようにメリットがあるか」「組織の一員やチェーンの一員としてどのようなメリットがある」「目線を同じにすること」が重要です。

③「評価」が必ずあること

スーパーバイザーは、常に多くの助言やアドバイスを行います。その結果、自分が行った助言やアドバイスを忘れがちです。さらに担当店も多くなれば、他の店舗と混乱することもあります。結果、助言やアドバイスを行ったことを評価や検証せずに終わることが発生します。それが多いと、「この人は言うだけ」という評価になります。人は言うだけの人には誰もついていきません。評価と検証は、必ず実施することが動機づけになります。

④「目的」＋「方法論」でのアプローチ

方法論だけを伝えても、人は動きません。「なぜ、それを実施するのか」という目的や実際の意義を伝えて、充分に共感や自分の中で重要だと認識して初めて実施するようになります。

「○○の問題があり、○○したいので、具体的な方法論」でアプローチすることが重要です。

スーパーバイザーは、人を動かす立場です。助言や指導内容よりも人としての価値が問われます。

●人を行動させるには客観的な判断基準が必要となる

フランチャイズ本部のスーパーバイザーは、必ず加盟店や店長などに様々な売上や利益を改善する提案を実施します。その際に、加盟店の経営者や店長などがその提案を本気で受け取っていなかったり、やらなかったりすることが多数あります。それは、本気でその提案を受け入れていないことから発生する問題です。それでも数々の手法を活用して、スーパーバイザーは、説得を実施します。その中の1つの方法が論理的証拠の提示となります。人は、行動するには何か確証になるものが必要なのです。それが、客観的判断基準ということになります。客観的判断基準の提案により、スーパーバイザーのコミュニケーションは飛躍的に向上します。

●客観的判断基準とは

客観的判断基準とは、次の4つがポイントになります。

①　自社の商品やサービスの販売データ等

一番多く活用されるのが、「実際の販売データ」です。商品の販売動向、売上や利益への寄与、売場効率等、商品ごとの販売数や販売寄与、粗利金額などの客観的数値を提示します。この具体的な数値を加盟店の経営者や店長等が理解していることは少ないものです。

データは、比較対象があって初めて、そのデータがよいのか、悪いのかがわかります。そのため、比較データを提示し、客観的な判断基準を提示します。

②　成功事例や逆に失敗事例を併せて提案することが必要

データという判断基準だけでは、人を動かすことができません。具体的なデータの理由となる成功事例や失敗事例を活用し、具体的に何を実施すればよいのかを提案することが重要なのです。

③　ＳＶの強みが一番出やすい水平展開

データは、実はスーパーバイザーの最大の強みであると思っています。どんな優秀な経営者であっても、店長であっても、それは自分のお店においてということです。他店のデータはＳＶを通じてしか理解することができません。

また、他店の成功事例や失敗事例についても同様といえます。他店の成功事例を水平展開することは、非常にＳＶの存在価値に大きな意味を持ちます。

④　市場調査や商圏調査、競合調査のデータ

顧客ニーズの変化や客層データなどの具体的なものは、非常に客観性を出すことができます。現在では、インターネットでも数々の情報を入手することができます。ネットの情報は嘘も多いですから、出典元もしっかり確認していくことが重要となります。

市場のデータだけでなく、店舗の商圏のデータも重要な情報源となります。人口等の統計データもあれば、商圏を歩いて感じた感想なども重要な情報源となり、客観的な判断基準を与える要素となると思います。

競合の強みや弱みに関する情報も重要な情報源であり客観的な判断基準です。しっかり競合調査を実施していれば、説得材料になると思います。

前述の客観的判断基準は、事前準備をしなければその場で話せるものではありません。その意味も含めて、スーパーバイザーには事前準備が重要となるのです。

●具体的な改善策

フランチャイズ本部のスーパーバイザーは、加盟店とのコミュニケーション方法に悩むことが多いというのが実情です。これは、コンサルタントの世界でも非常に多いのが、評論であったり、精神論であったりすることが多いのですが、現在のコンサルタント業界では非常にバッシングを受ける典型例となっています。

評論や精神論は、スーパーバイザーの世界では絶対ダメな行為です。相手に話すことは、具体的に、何を改善するのかを明示し、提案しなければ絶対に数字は変わりません。これは、加盟店の数値に関して責任を大きく負っている結果であると思います。

ほとんどの場合、精神論や評論を聞いて、具体的に何をどうすればよいのか置き換えることができるケースは少ないものです。当然、継続的にロイヤリティを徴収していますので、フランチャイズ本部のスーパーバイザーは、具体的な改善提案を行うために存在します。あれが悪いとかこれが悪いとかを批評するためにいるわけではありません。

そのため、スーパーバイザーは、実務経験も積んでいるものと思います。実務の視点から具体的な改善策を提示するために存在しているといえます。

●具体的な改善提案のポイントとは

具体的な改善提案をする際のポイントとしてお願いしていることは、たったの1つです。それは、

「行為が測定可能＋５Ｗ２Ｈが明確になっている提案」が重要です。

すべての行為は、何らかの形で測定可能でなければ、実際の提案内容を実施した結果がよかったのか検証することはできません。

例えば、商品の拡販の仕方をアドバイスしているのであれば、商品の販売数もあれば、声かけを行った人数もあるでしょうし、商品を拡販するためのプロセスの進捗率もあるかもしれません。

実際、目に見える数字の他、行為についても数値目標を置くことができると思います。これらの行為の数値目標の積重ねが、最終の数値目標を達成する結果になることが理想となります。このことで、実際に検証ができるようになります。逆に言うと、スーパーバイザーの提案の確度も検証されてしまうのも事実なのです。

次に、加盟店へは、すべて事前に5Ｗ２Ｈを紙に書いて提案すると非常にわかりやすくなります。５Ｗ２Ｈとは、「なぜ」「誰が」「いつ」「どこで」「何を」「どのように」「いくらの予算をかけて」ですが、これを意識して提案することは結構難しいのです。

実際に実施するには、普段の提案を意識的にトレーニングする必要があります。そのためには、提案する内容も事前に準備しなければ実施することができません。最初は意識して実施して、習慣化すれば、自然に提案の流れで実施することができるようになってきます。

それを聞くと、驚くほど、加盟店に提案が受け入れられてくるようになります。重要なことは、習慣化されるまで、継続的に意識的にトレーニングを実施することです。繰り返しますが、加盟店は、具体的な改善提案を待っています。この改善提案があるかどうかで、業績が変わるだけでなく、スーパーバイザーがまったく役に立たないという不満を生むこともありません。

●体制構築に働きかける

加盟店で発生している課題は、現象面の課題と原因面の課題があります。この2つをまず見極めることが重要です。この見極めによって、提案する対策が異なってくるためです。

① 現象面の課題とは

現象面の課題とは、発見した課題そのものです。例えば、窓ガラスが汚れているとします。現象面は、発見した問題そのものですから、窓ガラスが汚れていることが課題であり、その課題を解決する方法とは、「誰が」「いつまでに」「どのような方法で」「窓ガラスを綺麗にする」ということが改善のアドバイスとなります。

つまり、見つけた課題をそのまま改善する応急措置となります。これは、これで重要です。なぜなら、問題を放置している間はその問題はそのまま残っており、その売上や利益やイメージ等を含めて、マイナスな状況が続いているためです。

② 原因の課題とは

原因面の課題とは、現象面で見つけた課題が、「なぜ起きるのか」という視点で、その原因を追究し、今後発生しないような改善提案を行うことです。あくまでも現象面を発見した後に、原因面を発見するという流れとなると思います。

原因面の課題を発見しないと、常に何回も同じ問題が発生し、その度に応急処置をしていく、もぐら叩きの状態となります。次第に、スーパーバイザーとしては、言うことに疲れてきて、言わなくなるというのがオチではないでしょうか。

例えば、先ほどの窓ガラスの事例で考えると、どのようなことでしょうか。「窓ガラスが汚れている」ということは、「掃除していない」ということです。では、「掃除していないのは何が原因か」ということになります。

その原因が、「窓ガラスを掃除することをその人が知らない」ということであれば、対策は「窓ガラスの掃除方法を教育する」ということになります。また、「窓ガラスを掃除することがルーチンワークに入っていない」ということであれば、「仕組化」＋「教育」がセットで必要ということになります。

ここで重要なことは、このことは、ある特定の個人の問題であれば、教育で済むでしょうし、多くの人で発生しているのであれば仕組みの問題となる点です。

さらに、仕組化は、仕組化しただけでは効果は上がらないということです。つまり、教育が必要となるのです。この仕組化は、すぐにできるものも多くありますが、時間をかけるものも当然出てきます。時間をかけるものについては、仕組化をいかに簡単に、実行度を上げるための教育と検証を行うことで実行することで、再発防止に繋がってきます。

●スーパーバイザーは2つの課題の発見の両方が必要

スーパーバイザーについては、常に2つの視点で課題を検討する必要があります。この2つの視点を忘れて片方だけでは成果が出ませんので、実践が必要です。

スーパーバイザーは、「毎回同じことを言い続けないといけない」という悩みがあります。それは、現象面の課題の解決だけになっていることが多いものです。必ず原因面の課題も視野に入れて、加盟店のスーパーバイジングを実施することが重要になります。

●徹底的な検証とフィードバック

フランチャイズ本部のスーパーバイザーが一番できていないのが検証です。管理サイクルのP—D—C—Aで考えると、チェックや改善に当たるところになります。その重要性は、マネジメントを行う上で改めてお話をするまでもありませんが、なかなかできないものです。管理職が一番できないのがチェックと昔から言われていますが、正にスーパーバイザーについてもチェックが一番できないといえます。

検証を行わない人は、信頼も信用もありません。重要なのになぜスーパーバイザーの検証ができないのか。それは、コミュニケーションを行う際での時間軸が現場とスーパーバイザーが違うことが大きな要因でしょう。

通常、スーパーバイザーは、本部の方針や戦略を受けて、将来のことを打ち合わせに臨店を行っています。ですから、将来のことを打ち合わせ、実際の現場で漏れないように先行管理を行っているといえます。しかし、現場では、スーパーバイザーがコミュニケーションを行う段階は、前のコミュニケーションを受けたことを現場で具現化して過程であることが多く、前のコミュニケーションにも優先順位があります。つまり、ここにギャップが大きく発生するのです。加盟店側は、今に優先順位があり、スーパーバイザーは将来に優先順位があるコミュニケーションを実施しているため、検証ができないのです。

加盟店側は、当然、１日１日の業務遂行や成果を上げるのに必死です。そのため、スーパーバイザーの時間軸が将来であると、非常に信頼度や信用度が下がります。加えて、検証もしないということであれば、言うことを聞きたくないという判断になるわけです。

●検証のメリット・実施方法

検証のメリットは、次のとおりとなります。

① 方向修正ができるので、数値改善に繋がります。
② 次回の経験値として蓄積できる。次回の数値改善に繋がってきます。
③ 信頼関係を醸成することができる。結果が出ても出なくても逃げない姿勢が信頼を生みます。

検証をスーパーバイザーに強制的に実施させるに一番重要なことは、「検証の場の型」をつくり、継続的に実施できるまで検証を実施していることを検証することです。

検証は、習慣になれば、やることは無意識でできますが、習慣でない人からするとなかなか続かないものです。ですので、検証のルール化をして、それを実行することを習慣化するまではマネジメントを行います。検証の場は、「臨店の始めの段階」「毎回のコミュニケーションの始めの段階」で実施することがポイントです。「数値結果はどうだったのか」「行為はどうだったのか」と必ず行為の検証も実施します。結果が出ていない場合は、「要因は何で、改善策はどうのようにすべきなのか」をしっかり加盟店と打ち合わせます。

習慣化した後でも、定期的に実行をチェックすることも重要です。日々忙しスーパーバイザーにとって、検証はすぐに後回しになりがちだからです。結局は、仕組みと検証ということになります。繰り返しますが、スーパーバイザーにとって、検証が一番重要な仕事です。

11 スーパーバイザーの店舗確認のポイント

●店舗確認がなぜ必要なのか

スーパーバイザーの臨店活動では、店舗確認を実施することをおすすめしています（図表14、15参照）。その理由は、店舗型の基本は、売上はすべて現場（店舗）が上げることにあります。どれだけ数値を検証しても、どれだけ数値目標を達成させる行為計画を検討しても、現場（店舗）が売上を上げる状態になっていなければ、数値改善を図ることはできません。また、多店舗展開の最大

【図表 14　ＳＶ店舗確認重点事項】

	確認項目	○×	内容	改善✓
	（窓ガラス・壁・店頭）は（ホコリ・水垢）で汚れていないか？	×	水垢ひどい。○月△日に××が清掃。水切りしていないが原因。朝礼で教育。	✓
	（外部看板・置き看板・旗）は（汚れ・破損・位置）問題ないか？	○		
	（サンプルケース・ゴミ箱）は（汚れ・破損・位置・照明）問題ないか？	○		
	入口（指紋・汚れ・ホコリ）、玄関マット（汚れ・シミ）は問題ないか？	×		
	（床・壁・柱・天井・カーテン）は（汚れ・破損・蜘蛛の巣）は問題ないか？	○		

問題がある項目に○をつける

問題の具体的な内容と対応策。原因まで追究

次回改善結果を✓

【図表 15　店舗確認事例】

店舗確認票　　年　月　日　実施者：

	確認項目	○×	内容	改善✓
商品	出数÷客数＝80%以上の何回来ても食べたくなる目玉商品があるか			
	他のお店と差別化するために、宮崎にない商品があるか			
	お客様が飽きないように、半年に1回新商品の開発があるか			
	見栄えのある盛り付けが出来ているか			
	各店舗指定のインパクト商品の提供時、お客様からの感動があるか			
	ブレを無くす為に（切り方、味付け、分量）のチェックテストに合格できるか			
	冷蔵庫内の（品質管理・在庫管理）が出来ているか			
接客	身嗜み・清潔感はマニュアル（爪・髪・髭・アクセサリー）を守れているか			
	（言葉遣い、気遣い、しぐさ、商品知識）はロープレで確認し合格できるか			
	提供スピード（ドリンク1分～2分、フード2分～3分）注文の正確さは妥当か			
	（ご案内、お見送り、言葉遣い、仕草、お口直し、スピード）は妥当か			
	（外までお見送り待ち時間、表情、接客８大用語、声の大きさ、礼）は妥当か			
	不適切な私語や優先順位は守れているか			

クリンリネス	（窓ガラス、壁、天井）はホコリや水垢で汚れていないか			
	入口（指紋、汚れ、ホコリ）玄関マット（汚水、ゴミ）はないか			
	（テーブル、椅子）は（汚れ、破損、ゴミ）はないか			
	（食器、グラス類）は（ヒビ、水垢）はないか			
	（トイレ、便座、鏡）は（汚れ、補充）は問題ないか			
	カウンター周りは不要なものがないか			
	（ロースター、七輪）は（水が入っている、汚れ、破損）は問題ないか			
	臭い、厨房の清掃（グリーストラップ等）は問題ないか			
販促	メニューの見やすさがあるか			
	新商品の売上構成比は良いか			
	定期的にイベント告知しているか			
	限定商品に関するＰＯＰがあるか			
	お客様を不快にしていないか			
重点事項				
打合内容				

サイン：

飲食店事例

の強みである「成功モデル」の水平展開についても、実際現場でチェックがなければ、徹底できません。店舗確認は、スーパーバイザー活動における加盟店の評価や改善機能に当たるのです。

しかし、実際のフランチャイズ本部を確認すると、店舗確認が惰性になり、ただチェッカーとなってしまっているケースが散見されています。それは、売上・利益の視点がないために発生しています。そのため、店舗確認では、次の2つのことを確認することが重要なのです。

① 成功モデルが徹底されているか

商品やサービス、店舗の運営管理、販促の視点で成功モデルの基準どおりに運営されているかを評価するために店舗確認を実施します。これを実現するには、成功モデルが明確でなければなりませんし、加えて成功モデルの基準が明確でなければ実現することはできません。

② 売上・利益改善行為計画を徹底し、成果を上げているか

フランチャイズ本部の方針や店舗での売上改善に関する行為計画が現場で具現化されているか、また、その成果を上げているかという視点で確認します。

これは、コンサルタントと全く同じ視点で評価を実施し、問題があれば改善指導を実施します。重点事項欄を設け、フリー欄とし、フランチャイズ本部の戦略や店舗毎の行為計画の行為を確認します。

●店舗確認作成上での実施ポイント

これまでのフランチャイズ本部の支援の結果から、店舗確認が継続して運用され、活用されるにはポイントがあります。次の事項を考慮した店舗確認表の作成が重要です（図表16参照）。

①　店舗確認表必ず１枚にすること

1回の店舗確認が複数枚あると加盟店者は、一番上のページしか確認せず、指摘事項も改善が徹底されません。店舗確認を1枚にするために、同じタイミングで確認できる項目は1行にしたり、同じ分類の項目は1行にしたりすることが必要となります。

②　基本事項は定期的確認

店舗確認は、成功モデルの水平展開に関しては、チェック項目として標準化し、毎回定期的に確認を実施することが重要です。毎回確認することで成功モデルを徹底させることができます。

③　絶対評価で高い基準

店舗確認の評価は絶対評価で高い基準でなければなりません。加盟店はスーパーバイザーの基準よりも高くなることはありません。評価が甘くなると加盟店の基準を下げることになります。

④　指摘は、最大８項目程度にし、半分は即売上に繋がる指摘を実施する

店舗確認の項目の評価は、絶対評価で実施しますが、改善の指摘事項欄は最大で8項目程度にします。これは、指摘数が多くなればなるほど、加盟店者は、優先順位がつかず、どれも徹底できないという事態に陥るからです。そのため絶対評価で○×をつけたものから、優先順位の高いものを具体的な改善指導事項として8項目程度上げることが重要です。

また、指摘事項の約半分は売上に即繋がるものを指摘します。

【図表16　店舗確認事例】

成功モデルを把握する	**○商品、商圏・立地、サービス、販促の４つの視点で成功モデルを把握**
項目と基準	**○成功モデルから確認すべき、項目と達成基準を明確にする**
店舗確認表の作成	**○確認項目と基準を1枚の店舗確認表にまとめる**
店舗確認の実施練習	**○店舗確認表をもとに、店舗確認を実施。現象面の改善を実施。**
基準の仕組み化	**○基準のバラツキが出る時はマニュアル化等が必要。原因の改善は仕組み改善が必要。原因面改善。**

例えば、「窓ガラスが汚れている」という指摘事項は、長期的には売上に影響を及ぼしますが、改善したからといって、即売上に繋がるものではありません。

加盟店は即売上に繋がらなければどうしても重要性を認識することができないため、すべてが長期的な視点であると店舗確認事態が無意味なものと捉えて改善を行うことを辞めることが発生します。

そのため、即売上に繋がる指摘を織り交ぜることで、店舗確認事態が売上に繋がることを認識させ、長期的な指摘事項も徹底させていくことができるのです。

⑤　指摘だけでなく、改善策も提示する

店舗確認は、「窓ガラスが汚れている」という指摘だけを記入しても、具体的改善行為に落とし込める加盟店は少ないものです。

そのため、具体的な改善行為も明記することが重要となります。

⑥　前回結果は次回確認

店舗確認の指摘事項の結果は、次回の店舗確認時に再度検証を実施することが重要です。成功モデルを徹底できない店舗では、このバックチェックが抜けていることが多く、検証されないものは徹底されないのが実態となり、次回再度検証することが重要なのです。

⑦店舗確認は重点事項を設ける

売上・利益改善の視点として、店舗確認表には「重点事項」欄を設けることが重要です。重点事項欄では本部からの戦略や店舗での売上・利益改善行為計画の行為を明記し、その実施状況を確認することで、売上利益改善の店舗確認を実施することができるようになります。これは、毎回フリー欄とし、手書きで記入できるようにするとよいでしょう。

12　経験が浅いスーパーバイザーの悩み解決!!　5つのポイント

フランチャイズ化当初のスーパーバイザーは、スーパーバイザー業務を初めて実施することが多く、特に小さな会社では、そのような体制ももともと整っていないケースが多いため、加盟店との信頼関係が構築できないことや前向きな加盟店であったとしても本部不信に陥らせることがあります。

そのため、経験が浅い段階でのスーパーバイザーに必要な5つのポイントを解説します。これは、若手のスーパーバイザーにも適用できる内容です。

●経験が浅いからこそ、実務家になる必要がある

経験が浅いと、指導内容にもともと威厳があまりありません。そのため一番問題であることが「指摘だけ」と捉えられるケースが多いのです。

これは、具体的な方法論がないこともありますが、加盟店として一緒に改善する姿勢が必要になります。経験が浅いからこそ、改善行為を率先垂範する必要がるのです。

●経験が浅いからこそ、接触回数が必要

接触回数に勝る信用はありません。特に経験が浅い段階では、説得力や指導内容に深さが不足することが多いため、接触回数を重んじることが重要です。

接触は、臨店という方法がメインですが、電話やメール等の方法もあります。加盟店に対して関与しているという姿勢が重要です。

●経験が浅いからこそ、聞くコンサルティングが重要

経験が浅いと、経験不足な点から、具体的な改善策を導くことができないことがあります。

その場合は、加盟店の経験値を活用することも必要です。

加盟店と一緒に改善策を検討する姿勢を取り、加盟店の改善策の話をまとめることも活用することが必要となります。

●経験値が浅いからこそ、加盟店を深く知らないといけない

経験が浅いからこそ、加盟店の置かれている環境をより知らなければなりません。「なぜ開業しようと思ったのか」「加盟店の家族構成や既存の事業内容、プライベート部分の悩みや必要な資金や既存の事業の資金繰り」「個店に置かれている商圏や競合の関係」等です。

加盟店を深く知ることで、より効果的な改善策を検討することもできますし、一番は関心があることを加盟店に理解をしていただくことができます。

●経験が浅くても勝てる知識がある

経験が浅くても加盟店に勝る知識があります。それは、他店の成功事例や失敗事例です。成功事例の水平展開に関しては、経験は関係ありません。個店毎の具体的な改善策が導き出せない場合には、他店の成功事例の水平展開を指導内容の重点に置くべきです。

13　現場から学ぶ‼　スーパーバイザーの悩み

●加盟店との信頼関係が持てない

加盟店との信頼関係が持てない理由は様々ありますが、本部に対する不信もあれば、ＳＶに対しる不信もあります。原因は、信頼関係を失った過去の経緯があることです。

例えば、本部やＳＶの指導内容を実践したが結果が出なかったことや、大きな損失を発生させてしまった。人間関係でのトラブルの場合もあります。重要なことは、「過去に何があったのか」をまずは明確にすべきであり、その課題を解決することがないまま関係が続いていることが要因となります。

「過去に何があったのか」の背景を探るためには、加盟店との接触回数を増やし、まずはＳＶ担当者個人として信頼を得ることが重要となります。一緒に共通の目標の新たな取組みを検討し、一緒に取り組む姿勢も信頼関係の醸成に繋がります。まずは、個人として信頼関係を構築することを考えることが得策であると考えます。

●聞く体制づくりができていない

フランチャイズ本部のスーパーバイザーの悩みを聞いていると、加盟店の経営者や店長が、本部からの指導内容を聞いてくれないというケースがよく発生しています。業務しながら指導内容を聞いたり、その場での返事や合意をしても実際の行動には移さない等は、よくあることです。原因は、本部またはＳＶ担当者を信頼していないことや、臨店時の打合せ自体の仕組みがないことが要因として考えられます。

改善策はとしては、まずはフランチャイズ本部の指導内容の価値を感じていただくことが重要となります。そのためには、数値結果を出すことも必要です。しかし、加盟店は中途半端に聞いているため、実際の指導内容が、結果が出る内容であっても、本気で実施しないため、結果に繋がらないことも発生してきます。そのため、数値結果を出すために、ＳＶによる率先垂範も必要となります。

また、接触回収を増やすことも一法です。打合せにメリットを感じていないため、信頼関係が醸成されなければ、打合せの仕組みを構築することもできません。そのため、まずは数値結果を出し、信頼関係を醸成された後に、打合せの仕組みを構築するとよいでしょう。

●相手の心理を読めていない

加盟店が本部の指導内容を実践しないのには、他にも理由があります。

例えば、相手ができない理由がある場合です。相手ができない理由とは、「利益が逼迫している」「加盟店が従業員に教育できない」等があります。

売上に繋がる取組みであっても、利益や家計に必要な資金があり、費用がかかる売上改善行為を実践しないことがあります。しかし、利益や家計に資金が必要であるとは、信頼関係が醸成されていないＳＶに対して話をすることはありません。また、ＳＶ担当者が年下等で加盟店が従業員に対して、教育ができないことを恥ずかしくて言えずに、指導内容をただ実践しないこともあります。

改善策としては、指導内容が実践されなかった場合、加盟店の実践しなかった背景と心理を探ることが重要となります。「なぜ実践されなかったのか」、相手の心理とＳＶのアプローチした方法に間違いはなかったのかも含めて検討し、改善策を講じることが必要となります。

資金の問題であれば、資金調達のアドバイスが先に必要ですし、従業員教育ができないのであれば、最初は、一緒に教育を実施することも重要となります。

●コミュニケーション手法を間違えている

さらに、加盟店が指導内容を実践しないには、他にも理由があります。コミュニケーション方法の問題です。SV担当者の指導内容が「わかりにくい」場合や「何を具体的にすればよいかわからない」「優先順位が違う」等です。これは、SV担当者の指導に関するコミュニケーションスキルに課題がある場合です。

「わかりにくい」のは、SV担当者の話がまとまっていないためです。相手先に論理的に伝わる話の流れとして、「結論↓根拠・理由↓方法」の順番で話をすると効果的です。

また、何を具体的にすればよいかわからないのは、SV担当者のコミュニケーション方法が抽象的や評論的になっていることや、5W2Hが明確になっていないことが要因でもあります。これはコミュニケーション方法に関するSV教育が必要となると共に日々の実践練習が必要となります。

加盟店が本部の指導に従わないことには、本部の課題もありますので、常に自省をすることが重要なのです。フランチャイズ本部と加盟といえども、一番重要なことは、人間関係ですので、コミュニケーションは必要不可欠といえます。

第7章　グローバル戦略成功3つのポイント

1　フランチャイズ化は海外も狙える!!　その理由とは

●海外の日本のフランチャイズについての関心は高い

ここ最近、フランチャイズ本部を構築し、国内で展開を実施した後に、海外で展開を行いたいという要望が増えてきています。理由としては、国内の市場のシュリンク化が原因ですが、海外はこれから発展する国も多数あり、自社で独自で多店舗展開を行うより、経営ノウハウやビジネスモデルを提供して、現地の企業に展開をしてもいたいという考えからです。

弊社でも、海外展開の支援を様々な形で展開を実施しています。ベトナム、中国、スイスには弊社のクライアントもいますし、海外展開を行う上での必要なビジネスマッチングを行う支援先の連携も進めています。

海外の企業と話をすることが多い中、日本のビジネスモデルは、非常に海外の方からすると魅力であるということがわかりました。日本では、少し古くなったビジネスモデルでも、海外ではこれから発展するというビジネスモデルもあり、メイドインジャパンは、モノだけでなくビジネスノウハウについても通用するものであると感じています。海外から、日本の企業への視察も盛んです。日本の成長企業がどのようなビジネスモデルを展開しているのかについて、海外の方は非常に関心があり、店舗視察も含めて盛んに実施されています。それだけ、日本のビジネスモデルは価値が高いということになります。

フランチャイズは、ビジネスモデルを販売することですので、親和性が高いということで、フランチャイズ化は、海外展開も将来的に視野に入れることができるのです。

●海外企業が求めるビジネスモデルとは

海外企業が日本のフランチャイズに加盟する上で関心が高いものは、当然ですが日本で売れているビジネスモデルです。そのため、「店舗数がどの程度あるのか」「現在の既存店の収益モデルはどのようになっているのか」「自国でも汎用性が可能なビジネスモデルであるか」という視点で確認をしています。そのため、日本で売れていないビジネスモデルでは、海外であっても難しいということになり、まずは国内で実績を積むことが必要であると考えます。

「店舗数がどの程度あればよいか」というのは、商品の差別化の度合いにもよるため、一概には言えませんが、海外展開は様々な点で資金力もある程度必要になるため、やはり国内で展開を実施した後に検討することが妥当であると考えます。

海外企業であっても、魅力があるビジネスモデルを選定する視点は、自国で展開する上での「新規性」「優秀性」「成長性」であり、加えて「汎用性」を検討しています。フランチャイズ化を図る視点と全く同じであり、決定的な違いは「日本ではなく、展開する国の環境に合うっているか」という視点となります。

これは、嗜好の問題や国の発展の段階、価格格差、給与格差等の視点です。特に価格格差の問題は大きく、これから大きく発展が期待される国であっても、日本との価格格差が大きく、現在のフランチャイズモデルを展開するには早いという段階もあります。フランチャイズ本部としては、まずはどこの国への進出を図るべきかの市場調査が重要になります。

2　マスターフランチャイズという展開方法

●海外でのフランチャイズ展開で活用されるマスターフランチャイズ

海外展開を行う際に活用されるのが、「マスターフランチャイズ」です。日本国内では「エリアフランチャイズ」と似ていますが、海外の有力な企業にマスターフランチャイズ権を与え、本部として加盟店開発を行う権利や研修やスーパーバイジングという本部機能の一部を与える場合もあります。

簡単に言うと「○○国の本部機能を与える」契約というものです。日本でも、多くの成功企業では、アメリカ等から日本国での権利を買い、商売を行っています。それを逆に輸出するというものになります。

本部機能としての商品開発などは、日本にある本部が行う場合も多いですが、現地の企業が行ったほうがよいものについては、現地の企業に任せることが一般的です。これを活用することで海外展開もフランチャイズ本部を活用して展開をすることが可能なのです。

マスターフランチャイズ本部は、加盟店の開発や現地での指導も行います。そのため、加盟金や研修費などの費用も徴収し、一部を日本の本部へ提供することになります。さらにロイヤリティも同じです。展開国での直営展開もフランチャイズ展開も両方行うことができるため、有力な企業に任せることで展開が加速されることに繋がるのです。

●現地法人・合弁会社・海外で直接フランチャイズ展開する方法

海外へのフランチャイズチェーンの進出形態として多いが、現地企業と合弁会社を設立し、合弁会社とのマスターフランチャイズ契約をもとに行うというものです。

これは、現地企業に完全に任せると、様々なリスクが生じる可能性が高いため、現地企業との合弁会社で、日本のフランチャイズ本部もマスターフランチャイズ本部に関与するという方法です。

日本のフランチャイズ本部が、直接現地法人を設立して展開する方法もありますが、実際には、現地の有力なパートナー企業との連携がないと、商習慣、言語の課題、加盟店開発方法等課題等から困難なことが現地の有力な企業との合弁会社という形を取るケースが多いというのが実態です。

合弁会社を設立するということは、パートナー企業との役割分担が重要なポイントとなります。お互いがＷＩＮ―ＷＩＮの関係となるには、どのような役割分担がよいか検討をすると同時に、日本のフランチャイズ本部としては、監視も充分に実施しなければなりません。

そのため、海外展開を検討する際は、海外企業から直接コンタクトを取ってきた場合を除いて、最初は、進出する国の設定が重要であり、そのために市場調査が最初に実施する事項となります。併せて、パートナー企業を発掘することも必要になるため、この点に関しては、現地での展示会へ出店したり、マッチング会社へ依頼等を行ったりすることが必要となります。当然、費用が発生してくるため、ある一定の収益が国内で上がっていることが望まれるのです。

また、海外では、日本の商習慣はほぼ通用しないことが多いものです。充分なリスク管理が必要となります。その点でも海外展開は充分に準備をし、展開を図るべきものであると考えます。

3　海外企業の支援をしてわかった海外展開を検討する際に押えておくべきポイント

●パートナー企業の選定が成否を分ける

日本では、「何をするか」と同じくらい「誰とするか」が重要と言われています。これは、海外においては、より一層重要な要素となります。

そのため、海外での展開は、前述のとおり、パートナー企業との連携が重要です。当然、パートナー企業の発掘も重要ですが、パートナー企業の選定はより重要です。

フランチャイズですので、一定の契約期間があり、このパートナー企業と一緒に展開はできないということになっても、重大な契約違反でない限り継続しなければなりませんし、最悪は撤退を与儀される結果にも繋がります。

現地での商習慣等は、パートナー企業に依存しなければなりませんし、加盟店開発できる力もパートナー企業に依存することが多いものです。

パートナー企業の規模や事業内容、加盟店開発ができる可能性だけでなく、「同じベクトルに向かうことができるか」と「信頼関係が構築できる会社であるか」が重要な要素となります。

●契約書の作成が重要

日本では、契約書がなくても、ある一定の性善説が成り立ちやすい環境です。フランチャイズ本部が、性善説では日本での展開でも問題がありますが、海外はより一層充分な検討が必要となります。

契約書は、抽象的な言葉は避け、具体的に明記しなければ通用しないこともあります。また、暗黙の了解や日本の商習慣上当たり前のことであっても、契約書で明文化する必要もあります。

海外で起こり得る様々なリスクを想定して、契約書に明文化することが必要です。この点では進出を検討している国に強い専門家の活用も検討されることが望まれます。

海外企業は、「契約書に明記されているかどうか」という視点で約束事項を考えている傾向が強いため、契約書の作成には、とくに充分な検討が必要となります。併せて商標登録は、必須事項ということになります。

●常に日本の本部の存在価値が必要

これは、日本でフランチャイズ化を行う際も同様ですが、常に日本の本部の価値を加盟店やパートナー企業へ提供し続けることが重要です。フランチャイズビジネスは、経営ノウハウを提供しますが、経営ノウハウを提供し、加盟店やパートナー企業が習得すれば、日本のフランチャイズ本部は価値がなくなります。つまり、日本のフランチャイズ本部との取引がなくなると現地での展開が困難になる体制が必要となります。これを私は「ブラックボックス」と呼んでいます。

例えば、ラーメン店で、同じ味を出すには調理方法を日本のフランチャイズ本部しか知らないスープが必要であり、継続した商品開発ができる体制であったり、システムであったり、継続的な売上改善の方法が指導できる体制であったりします。

商標や経営ノウハウの使用権だけでは、海外でのフランチャイズ展開は、事実上、継続的に機能しません。常に「日本の本部が何を提供できるか」が試されているのです。「ブラックボックス」だけでなく、継続した日本のフランチャイズ本部のレベルアップが要求されているのです。

フランチャイズ本部に求められることは、「ブラックボックス」というリスク管理と継続的なノウハウ開発や商品開発です。これは海外展開をせずとも、日本国内でも重要なポイントでもあります。時代のニーズの変化にマッチして、絶えず業態や商品、経営ノウハウの見直しを行うことは、本部として生残りを図る上でも重要かつ責任でもあります。その責任を果たし続ければ、海外展開を行う際も改めて検討する必要はないということにもなるのです。

おわりに

今回、「フランチャイズ本部構築や展開の50のポイントは、「小さな企業でも実践できる内容」と「フランチャイズ化を図った後も長期的に加盟店と共存共栄を図る内容」に絞ってまとめさせていただきました。この50のポイントをフランチャイズ本部構築時や展開の際にチェック項目として活用頂ければ実務として活かされるものと考えています。

昨今の日本の環境は、時代の変化が著しく、伸びるタイミングに競合よりも早くシェアを確保しなければ、すぐに市場が飽和する時代になってきています。そして、常に顧客のニーズの変化に応じた業態の見直しを実施する必要性も出てきています。その拡大手法として、フランチャイズ化は大きく寄与できるビジネスモデルです。

これからもフランチャイズ化を通じて、日本から多くのフランチャイズの成功企業が生まれ、さらに海外にも展開する企業が増えることを切に願っています。本書がその皆様の少しでもお役に立てれば幸いです。

最後に本書の出版に当たり、有限会社イー・プランニングの須賀柾晶様には、このような機会をいただけたことに心より感謝を申し上げます。誠にありがとうございました。

株式会社販路企画　代表取締役　田口　勝

著者略歴

田口　勝（たぐち　まさる）

株式会社販路企画代表取締役。

大学卒業後、経営コンサルタント会社に勤務。マーケティング戦略立案・人事評価制度構築・ISO 認証取得支援・新入社員研修・管理者研修等で中小企業のコンサルティングを担当。その後、株式会社セブンイレブンジャパン本部に転職。店舗の現場経験、店長、スーパーバイザー、マネージャーを経験。

現在は、株式会社販路企画の代表として、フランチャイズ本部構築支援・活性化支援、既存店活性化支援、スーパーバイザー研修、店長研修、スーパーバイザー代行支援、加盟開発代行支援、出店調査、商圏調査、エリアマーケティング支援を軸とした多店舗展開の支援を実施。支援実績 200 社以上。

評論家ではなく実務家としてのコンサルティング支援を提供している。
●株式会社販路企画　H P：http://hanrokikaku.com

小さな会社のフランチャイズ
本部構築・展開に成功する 50のポイント

2020 年 1 月 23 日　初版発行　　2024 年 1 月 24 日　第 3 刷発行

著　者　田口　勝　© Masaru Taguchi
発行人　森　忠順
発行所　株式会社 セルバ出版
〒 113-0034
東京都文京区湯島 1 丁目 12 番 6 号 高関ビル 5 B
☎ 03（5812）1178　　FAX 03（5812）1188
http://www.seluba.co.jp/
発　売　株式会社 創英社／三省堂書店
〒 101-0051
東京都千代田区神田神保町 1 丁目 1 番地
☎ 03（3291）2295　　FAX 03（3292）7687

印刷・製本　株式会社 丸井工文社

Printed in JAPAN
ISBN978-4-86367-551-3